SOUVENIRS DE LA CHAMPAGNE.

UNE

PROMENADE

A SAINT-MARTIN-D'ABLOIS,

PAR

EUGÈNE MAHON DE MONAGHAN,

Membre de l'Académie de Bordeaux, de l'Institut historique de France, etc.,
Chancelier de première classe du Consulat Impérial, à Liverpool.

GABRIEL ROUX, 24, rue des Grands-Augustins.

1854.

Epernay. — Imp. de V. Fiévet.

PRÉAMBULE.

A ce récit, qui n'est ni un roman ni une histoire dans le sens logique et absolu du mot, mon intention était de ne faire aucune préface. En effet, les premières pages donnant sur la nature du livre les indications que toute introduction a d'ordinaire mission de présenter, cette tâche devenait inutile.

Mais la mort a frappé si soudainement trois personnes dont le nom est répété dans cet ouvrage, qu'il m'est impossible de garder le silence.

Ceux qui viennent de s'éteindre avaient, à un degré différent, une place dans mon cœur, où le deuil est entré. Il me sera doux de leur donner ici un dernier hommage, un suprême regret. Sur ces tombes qui se referment à peine, jetons quelques fleurs, laissons couler quelques larmes.

Sans doute ce n'est point une préface, c'est presque une oraison funèbre qui prend la première place dans ce livre ; mais les choses ne sont que ce qu'il plaît aux circonstances de les faire, et l'homme n'est que le jouet des évènements.

Car, nous qui nous sentons vains, nous qui nous croyons forts, que sommes-nous sur cette terre ? sinon de pâles roseaux gémissants et plaintifs à chaque souffle du vent, abattus et brisés aux moindres caprices des ondes. Avec nos projets, nos illusions, nos volontés, « hélas, ! nous sommes, — dit un « poète allemand, — des rêves dont les ombres se « marient à la lumière et à la vérité, des rêves « que réjouissent d'autres rêves.

Oh ! comme la mort de son aîle,
Nous renverse rapidement !
Si l'autre vie est éternelle,
La nôtre, hélas, n'a qu'un moment.

D'abord c'est madame Victor Fiévet qui ouvre la marche de ce funèbre cortège. Charmante et modeste jeune femme dont le profil est rapidement esquissé dans les pages qui suivent : elle est morte à l'été de sa vie comme je traçais les dernières lignes du livre dans lequel j'étais si heureux de lui consacrer un souvenir ; morte avec son sourire triste et doux, avec cette gaîté calme, cette sérénité immuable qui sont comme l'auréole des consciences pures ; morte enfin dans tout l'épanouissement de sa beauté et de ses vertus, laissant pour la pleurer quatre petits enfants, trop jeunes pour apprécier l'étendue de la perte qu'ils viennent de faire, mais aussi trop aimés pour ne point la sentir.

C'est d'elle qu'on peut justement dire :

> Les anges, désertant les voûtes éternelles,
> Visitent quelquefois ce séjour de douleur ;
> Mais bientôt secouant la poudre de leurs ailes,
> Ils remontent vers le Seigneur !

Ensuite, c'est le comte Anatole de Cer... ; l'ami de collège, le compagnon d'étude, à qui ces *Souvenirs* étaient adressés. Il vient de succomber bien jeune aussi aux suites d'une maladie du cœur dont il souffrait depuis longtemps. Tout récemment il avait donné sa démission de fonctions importantes pour se retirer en son château de Rennecy, où il espérait ressaisir l'existence dans un repos absolu ; car il croyait encore en l'avenir, il l'entrevoyait lointain, mais souriant, après les jours d'épreuve, comme le naufragé caresse du regard la plage hospitalière où il pense que les forces qui lui restent lui permettront d'atteindre.

Mais, dit le Psalmiste :

« *Verumtamen in imagine pertransit homo, sed* « *et frustrà conturbatur.* »

Puis enfin, c'est madame la marquise de Talhouët, cette véritable grande dame qui nous fit un si parfait accueil à Saint-Martin-d'Ablois. Encore une âme généreuse qui vient de s'envoler. Elle était la Providence des pauvres, la consolatrice des affligés. Au commencement de l'été, madame la marquise de Talhouët puisait dans son cœur de touchantes paroles de consolation qu'elle envoyait comme un baume à la famille de la charmante créature dont le nom figure en tête de cette triste liste. Elle ne prévoyait guère alors que quatre mois plus tard, un même destin la réunirait à celle dont elle louait les vertus et déplorait la perte. Ainsi va le monde!... Pourquoi Dieu l'a-t-il rappelée dans ces heures de calamités et d'épreuves publiques ? Tant d'infortunés espéraient encore en elle ! tant de misères lui tendaient leurs mains suppliantes. Il y a peu de mois, aux jours les plus durs de la disette, elle donnait dix mille francs aux pauvres ! Un don royal ! La noble dame avait le cœur aussi grand que sa fortune. C'est que chez elle, comme chez toutes les âmes élevées, la noble passion du bien était le développement d'instincts naturels qu'elle aimait à satisfaire.

Quelques jours avant de mourir, madame la marquise de Talhouët exprimait le désir de se rendre à St-Martin, au milieu de ses pauvres paysans éprouvés par le terrible fléau. La seule crainte de faire partager à ceux qui l'eussent suivie les dangers qu'il y avait à exécuter ce désir, put la déterminer à différer son départ. Si elle eût suivi cette inspiration de son cœur et que la mort fût venue la frapper près de ceux qu'elle soulageait, sa fin eût été de tout point digne de sa vie.

Je m'arrête. La constatation de ce triple deuil m'a rendu triste : je me demande en la relisant, si ce n'est point une anomalie bien grande de placer cette espèce d'oraison en tête d'un récit où la gaîté a sa large place, et s'il ne conviendrait pas mieux de déchirer ces quelques pages tout imprégnées de regrets, tout humides de larmes?...

Cependant, je n'en ferai rien. En y réfléchissant mieux, je me dis que ce contraste si marqué est une image fidèle de la vie. La mort près de la joie, le rire à côté des larmes : n'en est-il pas ainsi dans la nature?... Or, en écrivant ces souvenirs, je n'ai voulu que la copier.

En Angleterre, les cimetières, placés au centre

des villes, se trouvent enserrés dans le réseau des rues les plus bruyantes et les plus animées. Par ce moyen, la mort se trouve constamment face à face avec l'existence, et pourtant l'imposante tristesse de l'une n'a rien qui déteigne d'une manière trop sensible sur la fièvreuse agitation de l'autre. Seulement il résulte de cette opposition un enseignement pour le cœur et un aliment pour la réflexion. La pensée philosophique se développe chez les individus à ce spectacle du passé. Il n'est pas mauvais que l'homme, en lutte avec ses passions, au sein de ses prospérités, livré aux turbulences de son orgueil, ait devant les yeux un monument impassible qui lui rappelle son néant !...

Qu'il en soit ainsi de ces tristes lignes, dernier hommage rendu à des êtres chers ou vénérés : puissent-elles impressionner l'âme du lecteur sans y répandre une mélancolie trop profonde ; puissent-elles enfin, sans l'assombrir, prédisposer doucement son esprit à rêver.

Dans cette situation calme, sereine, il assistera peut-être sans efforts, au récit qui va suivre.

Liverpool, août 1854. E. M.

I

A M. le comte Anatole de Cer***.

Depuis longtemps, mon cher ami, vous me demandez le récit d'une charmante excursion que j'ai faite en Champagne dans le courant de l'été de 1851. Tant de travaux ont absorbé mes instants et m'ont empêché de répondre plus tôt à ce désir exprimé par vous, que je pourrais y puiser une excuse. Aujourd'hui, j'ai presque honte de prendre la plume pour vous entretenir de ce sujet; cependant je crois, avec le proverbe, que mieux vaut tard que jamais, et peut-être aussi qu'en me voyant faire preuve de bon vouloir vous me pardonnerez une apparente négligence dont j'ai eu le premier à souffrir, puisqu'elle m'a privé si longtemps du plaisir de causer avec vous.

Dans le principe, mon intention était de vous tracer un itinéraire circonstancié de notre voyage depuis Paris jusques dans les défilés de l'Argonne; mais je vous avoue bien sincèrement que la célérité fiévreuse des chemins de fer laisse une trop large part à l'imagination, pour que la contem-

2

plation y trouve son compte. Il faut deviner, puisque l'on n'a plus le temps de voir, et force est d'inventer si l'on tient absolument à donner le moindre détail sur des lieux qu'on ne fait qu'effleurer en passant. Ce système est trop contraire à mes goûts, et je ne saurais l'appliquer ; surtout lorsqu'il s'agit d'une missive amicale dans laquelle le plus doux est de retracer des impressions ressenties et des souvenirs. Aujourd'hui donc, je me contenterai de vous raconter une petite promenade que nous avons faite, autrement qu'en *railway*, depuis Epernay jusqu'à un ravissant village qu'on nomme Saint-Martin-d'Ablois. Là, du moins, j'ai vu, j'ai ressenti, j'ai apprécié. Le charme est encore présent à ma mémoire et prêt à se traduire sous ma plume. Vous aimez la campagne et les pures émotions qu'elle fait éprouver, cet épanouissement délicieux qu'elle procure à l'âme ; vous êtes ami des beaux sites, admirateur passionné de la nature... Suivez-moi par la pensée dans la route fleurie que mes souvenirs me retracent, et peut-être votre esprit y trouvera-t-il un peu de cet aliment poétique dont il est sevré au milieu de la ville turbulente où une existence officielle vous condamne à résider. Pour moi, je serai heureux de rappeler cette journée charmante où, libre de soucis, oublieux des arides travaux quotidiens, oublieux de l'exil qui l'avait précédée et qui devait la suivre, je m'abandonnais sans contrainte aux fraîches et suaves aspirations du moment. Il est si doux d'ailleurs de faire partager ses jouissances à ceux que l'on aime, que c'est comme l'émotion d'une double joie ; car Dieu a mis dans les êtres un besoin d'expansion qui, lorsqu'il peut être satisfait, accroît la faible somme de bonheur qui leur a été donné de goûter ici-bas.

C'était vers le milieu de juin. Ma femme et moi nous étions mis en route pour répondre au double appel qui nous était fait depuis bien longtemps par de bons et braves amis d'Epernay et par un châtelain des gorges de l'Argonne. Nous avions atteint notre première étape. Depuis plusieurs jours nous nous livrions avec un indicible sentiment de quiétude aux soins aussi attentifs qu'hospitaliers de nos hôtes sparnaciens; nous reposions notre âme, un peu rudoyée par les secousses de la vie parisienne, au sein de cette calme et bonne famille. Déjà ce toit était devenu le nôtre, déjà la pensée de le quitter prochainement nous causait une sorte d'inquiétude pénible. C'est qu'il y a des natures tellement sympathiques à la nôtre qu'on s'attache à elles par des liens fraternels, avec une facilité que le Magnétisme et la Psychologie peuvent seuls expliquer. Ces natures sont rares : mais je crois heureux que la Providence en ait restreint le nombre, autrement la vie ne serait qu'un brisement douloureux amené par chaque séparation.

Nous étions donc paisiblement installés dans ce milieu intime. Pour ma part, je n'avais fait que resserrer les nœuds d'une vieille affection, tandis que ma femme qui ne connaissait encore Mme V. F** que par le récit qu'on lui avait fait de ses vertus, venait de rencontrer une amie. Mentalement nous nous dégagions de l'engagement pris avec les châtelains de l'Argonne. Le connu était si charmant que l'inconnu perdait de son attrait. Nous songions à trouver des arguments, des moyens pour excuser notre manque de parole, car nous ne voulions qu'une seule chose : Ne pas quitter ce toit jusqu'au moment où l'expiration de mon congé nous en ferait un devoir. Qu'avions-nous besoin de l'air des champs ? L'atmosphère au milieu de laquelle nous vi-

vions était si douce ! Qu'avions-nous besoin de promenades aux bois, de courses à travers les routes, les prés et les vignes ? Ne trouvions-nous point là ce que nous y étions venus chercher.. ? La pure intimité dont la source est dans une réelle affection ! Le contentement du cœur rend l'homme casanier ; c'est ainsi qu'après avoir échangé quelques visites avec le sous-préfet, M. Chevremont, jeune administrateur aussi intelligent que distingué, qui devait peu de mois après fournir une carrière si rapide et si brillante ; après avoir jeté un rapide coup-d'œil sur la ville et ses environs les plus immédiats, nous nous étions dit : Voici la maison que nous préférons entre toutes : laissons-nous bercer mollement par le charme qui y règne ; le reste nous importe peu.

Et n'avions-nous pas grandement raison ?.. Qu'eussions-nous cherché ailleurs que ne nous offrit le toit de nos hôtes ?.. Par l'esprit et le caractère mêmes des habitants de cette maison, tout ce qu'Epernay renferme de gens aimables s'y réunissait. Chaque soir, à l'issue d'un joyeux repas, c'étaient de longues conversations auxquelles on s'abandonnait tout entier. Là, rien de raide ni de gourmé. Le vin d'Ay, qui étincelait dans les flûtes, donnait aux discours ce tour plus vif, cette allure plus franche, qui, cependant ne dégénère jamais en licence parmi les personnes de la bonne compagnie. L'on riait avec cette familiarité retenue qui est l'une des conditions du bien-être ; l'on parlait de la politique, des arts, des modes, du passé, du présent, de l'avenir ; l'on disait des vers, l'on racontait quelque anecdote plaisante, quelque histoire à faire peur ; l'on fredonnait un bout de refrain, et l'heure du repos arrivait toujours trop rapidement au gré des désirs de chacun des conviés.

Nous croyions pouvoir nous assoupir ainsi dans notre indolence; mais l'amitié est ingénieuse : elle n'a pas confiance dans ses propres ressources pour captiver ceux à qui elle ouvre sa porte.

Un dimanche matin, notre ami Victor Fiévet nous éveilla de bonne heure, disant qu'il avait fait mettre le cheval à la voiture et que tout était disposé pour une petite excursion dans les environs.

— Où devons-nous donc aller? demandai-je.

— Savez-vous que votre question revêt l'allure d'un reproche? — dit Victor en souriant.

— C'est bien possible... l'on est si bien ici... que...

— Bah!.. un peu de paresse... il faut secouer cela. Je vous mène à St-Martin-d'Ablois. Vous serez enchanté du pays et de la route qui y mène... Que diable! vous n'êtes pas venu en Champagne pour y admirer uniquement la rue Flodoard... C'est beau... mais on s'en lasse!.. on finirait par être ébloui...

Et il accompagna cette épigramme à l'endroit de sa rue, d'un franc éclat de rire.

— Eh bien! nous sommes prêts.

— A la bonne heure. Au surplus nous avons dans ce pays de St-Martin des parents et des amis avec qui nous serons bien aises de vous mettre en relation.

— Serons-nous seuls?

— Nous aurons pour compagnons de route M. Perribère et Schivre que vous connaissez déjà.

Je les connaissais en effet tous deux pour des hommes distingués, et pour des gens d'esprit. Le premier était un poète méridional ; le second un ingénieur du chemin de fer, brillant élève de l'école des Arts et Métiers de Châlons. Je n'avais donc plus d'objections à faire. On monta en voiture et nous partîmes.

Nous passâmes devant la promenade d'Epernay, nommée le *Jard*, probablement par abréviation du mot *Jardin*. Je ne puis trouver d'autre étymologie à cette appellation. C'est un fort joli quinconce, carré long, planté de tilleuls et de marronniers, autant que je me souvienne, et entretenu avec ce soin qui distingue l'édilité des petites villes. Quelque agréable que soit ce lieu, il est généralement peu fréquenté, et, par son isolement même, plutôt fait pour les rêveries d'un poète que pour les distractions de la foule. Le monde a ainsi des indifférences inexpliquables. J'ai parfois vu dans mes voyages de délicieuses promenades délaissées en faveur de quelque méchant endroit où le caprice avait planté sa tente. C'est là une de ces anomalies de la mode dont on cherche en vain la cause et qui n'a pour effet que de donner au laid une supériorité sur le beau. Et cette remarque n'est-elle point applicable à toutes choses ici-bas ?.. Ne sont-ce pas trop souvent, soit en fait de sentiment, soit en fait de goûts, les moins nobles, les moins délicats qui l'emportent sur les meilleurs?... Je pourrais deviser longuement sur ce sujet, mais en vérité, mon cher ami, si je m'arrête ainsi à chaque pas, d'abord vous ne lirez point ma lettre jusqu'au bout, puis, en second lieu, nous n'arriverons jamais à St-Martin-d'Ablois... Or, je vous ai promis de vous y conduire à travers des sentiers fleuris et non à travers un volume de prose. Les bavards sont incorrigibles... si encore ils avaient tous les qualités des causeurs... mais bien des gens parlent... parlent... Combien y en a-t-il qui sachent causer, c'est-à-dire intéresser avec ces mille jolis rien que..... Ah ! pardonnez-moi, je recommence...

.... Mais voilà que nous nous remettons en route, quoique je n'aie pas dit toutes les réflexions que ce *jard* m'a suggérées en passant.

On tourne à droite; l'on quitte la ville par le faubourg de Sézanne, et l'on s'aventure dans un joli chemin.

Nous roulons sur cette route, bordée de fleurs et de souvenirs, et dont nous fait l'historique avec cette affection qu'on porte aux lieux où l'on est né, notre ami Victor. Cependant l'amour du pays natal ne l'aveuglait pas, et nous étions nous-mêmes enchantés d'un début qui promettait en faveur du voyage.

A cette heure matinale surtout, il s'exhalait de la nature à peine échappée au sommeil, encore humide des rosées de la nuit, une fraîche odeur de verdure et de fleurs sauvages qui nous pénétrait. Les oiseaux cachés dans les arbres, voltigeaient sur les haies d'églantiers ou, courant çà et là dans la plaine, jetaient les notes perlées de leurs chants aux vibrations sonores de l'air limpide du matin. La voiture suivait un trot régulier qui nous permettait de jouir de ce spectacle dont tous nos sens dilatés recevaient l'impression. Pour l'homme de sensation qui assiste à un réveil de la nature, c'est une délicieuse chose. Parfum, lumière, harmonie, couleurs, fraîche émanations de l'air et du sol, tout concourt à lui procurer une ineffable jouissance ; il semble que son âme se repose, se baigne, se purifie dans cette contemplation qui la saisit sur ses aîles puissantes pour la rapprocher du créateur. Un moment j'oubliai mes compagnons de route et je laissai flotter mon esprit dans les espaces imaginaires de la rêverie. Un cahos de la voiture m'arracha brusquement à mes pensées.

— Vous faisiez des vers à la Nature ? me demanda en riant un de nos compagnons.

— Non, en vérité.....

— Allons, ne vous en défendez pas, car nous vous obligerions à nous les dire....

— C'est cela, qu'il nous récite quelque chose sur la nature relativement à l'homme.... un petit morceau philosophique.... bien tourné, si c'est possible.... dame! le sujet prête.

— Volontiers! répliquai-je, puisque vous êtes assez aimable pour insister.... je saisis l'occasion.... vous savez qu'un auteur est toujours ravi de trouver des auditeurs.

Je pris mon portefeuille et mon crayon et j'écrivis ces quelques strophes que vous trouverez bien pâles :

Un brouillard qui traverse l'air ;
Un éclair sillonnant l'espace ;
Une goutte d'eau dans la mer ;
La tempête qui gronde et passe ;

Un bruit qui retentit soudain
Dans le fond calme des vallées ;
Un son de voix, un chant lointain
Dont les campagnes sont troublées.

Brouillard, lueurs, bruit, — c'est la loi, —
Cela luit, vibre et s'évapore...
Oh! mais, homme, ta vie à toi
Est bien plus fugitive encore !

— Comme c'est gai et consolant ! s'écria Victor ; si c'est pour nous dire ces belles choses que vous vous êtes levé de bonne heure, une autre fois j'aurai soin de vous laisser dormir. Il me semble que cette nature gaie, vivace, souriante, toute pleine de joie de se sentir ranimée d'un souffle créateur, aurait dû vous inspirer autre chose qu'une page de Young.... Ecoutez donc comme tout cela babille, comme tout cela rit, comme tout cela siffle..... C'est une chanson et non pas une élégie qui fait retentir les airs autour de nous.... Décidément, mon cher, le brouillard anglais a déteint sur votre imagination.... vous avez rapporté le spleen en Champagne....

La sortie de mon ami Victor eut les honneurs du succès que n'avaient point obtenu mes trois strophes, et j'avouai de cœur qu'elle les méritait bien.

Nous arrivions à Grandpierre qui est encore une dépendance d'Epernay. Nous passâmes sans nous arrêter, cette agglomération de masures qui n'offrent rien de remarquable.

Le chemin devenait plus verdoyant, plus pittoresque encore. La vue se reposait à gauche sur des marais bordés de hauts peupliers qui, agités par le souffle de la brise, entrechoquaient plaintivement leurs cîmes aux mille feuilles frissonnantes. Plus loin, dans la même direction, apparaissait le petit bois de sapins qui domine la contrée. Ce bois aux tons plus sombres, aux aspects plus uniformes, établit un contraste heureux avec le caractère souriant de la campagne qui l'environne. Il a été planté par M. Moët, père, sur un emplacement autrefois dénué de toute végétation : enfin, une petite Sologne champenoise, devenue maintenant, grâce à M. Moët, une forêt noire en raccourci, une oasis où le vigneron vient chercher de l'ombre et se reposer de ses durs travaux.

Ai-je besoin, mon cher ami, de vous dire qui est M. Moët ? Vous devez le connaître. C'est lui qui met la Champagne en bouteilles et qui la fait pétiller à tous les bouts du Globe. C'est lui qui envoie son adresse chez tous les souverains, chez tous les princes, partout !... sous la forme d'une étiquette... C'est lui qui a donné à la ville d'Epernay une si vigoureuse impulsion commerciale ! Son nom est voué désormais à l'immortalité. Vous connaissez les miraculeux effets de ce doux nectar, de ce liquide enfanté par l'esprit, esprit facile; esprit goûté, recherché, accueilli à toutes les tables...., esprit si esprit qu'il en donne à ceux qui n'en ont pas !...

A droite se dessinaient, sur le flanc des coteaux, ces fameuses vignes dont les habitants d'Epernay sont fiers à juste titre. Chaque maigre ceps chargé de lourdes grappes s'appuyait sur son échalas protecteur, comme ces hommes dont l'intelligence ruine le corps, et qui ont besoin d'un appui, parce qu'ils semblent puiser leur esprit aux sources mêmes de l'existence.

« A tête habile,
« Un corps débile.... »

dit un vieux poète dont le nom m'échappe. Ceci peut être vrai dans une foule de cas; mais c'est une règle confirmée par beaucoup d'exceptions.

Le sommet des monts se couronnait de bois vivaces et touffus qui s'étendaient aussi loin que le regard.

—Quels sont ces bois qui semblent déterminés à nous suivre jusqu'au village prochain ? demanda ma femme.

— Hé ! hé ! — dit notre ingénieur, ils vous accompagneront bien plus loin encore, madame. Leur étendue est considérable. C'est là qu'en 1814, les habitants des villes et des campagnes avoisinantes cherchèrent un refuge contre les excès de la soldatesque russe.

— Il a dû se passer bien des scènes émouvantes, bien des drames déchirants au milieu du désordre qui accompagne infailliblement ces migrations dont la terreur est la cause ? — reprit Marguerite, — cette petite forêt aujourd'hui si paisible, qui ne retentit que du bruit des vents, des feuilles et des cris de ses hôtes naturels, devait être pleine d'étranges murmures et de singuliers frissonnements, lorsque des populations entières se dérobaient sous son ombre.

Vous savez combien Marguerite se plait à dramatiser les tableaux et à peupler par l'imagination les lieux qui prêtent au romanesque. Cette question lui était donc tout naturellement inspirée.

— En effet, répondit l'ami Victor d'un air un peu sérieux ; plus d'un drame a déroulé sous ces épais ombrages ses péripéties saisissantes.... C'est qu'aussi, c'était une époque féconde en évènements que celle dont nous parlons, et il n'est guère surprenant qu'au milieu des puissantes questions soulevées alors, la connaissance d'un fait comme celui qui me revient à l'esprit, n'ait pas dépassé un certain cercle de personnes.

— Eh quoi ! vous connaissez une histoire qui s'est passée dans ces bois ? demandâmes-nous tous à la fois.

— Parfaitement. Un des vieux amis de ma famille était lié avec une personne qui y joua un rôle et me l'a racontée bien souvent, car le bonhomme radotait un peu, surtout à la fin du repas.

— Il faut nous dire cela... ce doit être intéressant.

— Extrêmement, je vous assure.

— Nous vous écoutons.

— Voici le fait....

Et pendant que Victor, qui tenait les rênes du cheval, ralentissait la marche de notre véhicule; tandis qu'il procédait à tous les préliminaires dont ne vous fait jamais grâce un conteur sûr d'être écouté religieusement, son visage avait perdu un peu de sa jovialité habituelle.

Cet air de gravité aiguillonna davantage notre curiosité. Nous nous rapprochâmes les uns des autres autant que possible, et ayant toussé, éternué, nous étant suffisamment mouchés afin de ne pas interrompre le récit de notre ami, nous restâmes muets, calmes, attentifs.

Il commença ainsi :

II

« L'on était en 1814, époque néfaste dont le souvenir est resté ineffaçablement tracé dans tous les cœurs vraiment français en caractères sanglants ; époque de revers terribles, de grands désastres, réaction fatale de tant de gigantesques conquêtes. « Dieu se complait à humilier le fort pour éloigner de lui le démon de l'orgueil ! » La France recevait une application de cette parole d'un orateur chrétien : elle combattait alors, non plus sur le sol étranger sa conquête, mais sur son propre sol devenu son refuge ! Elle n'attaquait plus, elle se défendait.

L'étoile du grand homme qui, pendant dix-huit ans avait conduit ses destinées, commençait à pâlir... ou plutôt l'union de tant de peuples paralysait par une action incessante les efforts de son génie.... Plus que jamais ce génie mis aux abois multipliait ses éclairs ; plus que jamais, stimulé par l'impérieuse nécessité, il enfantait des merveilles et domptait le succès.... Hélas! ces succès mêmes n'étaient achetés qu'au prix d'un sang précieux qui n'avait plus le temps de se renouveler ; ces succès, c'était l'épuisement, c'étaient les dernières lueurs de gloire qui éclairaient la tombe où le pays allait s'ensevelir.

Oh ! l'invasion ! cruel fléau ! déplorable expiation de tant de victoires !... Le cœur saigne à cette pensée... Ceux qui ont vu ces jours de revers n'en parlent que les yeux humides de pleurs !...

Parmi les provinces qui eurent le plus à souffrir de l'invasion, la nôtre se trouva en première ligne. Passage naturel des hordes immenses qui débouchaient de l'Allemagne, notre pays devait subir les plus rudes épreuves ; aussi ces vers de notre poète national :

« Mais quand la pauvre Champagne
« Fut en proie aux étrangers..... »

ne sont qu'exactement vrais. Cette contrée devint une proie pour les vainqueurs rendus sans pitié par vingt années de défaites. Notre beau sol si fertile fut foulé, dévasté par ces hommes venus des extrémités du Continent. Villes, bourgs, hameaux, tout ce qui tombait en leur pouvoir était pillé, brûlé, saccagé ; les plus odieux excès, les violences, les crimes mêmes étaient commis comme de justes représailles. Mais ces moyens extrêmes ne servaient qu'à envenimer davantage le cœur des habitants qui, pour la plupart, défendaient pied à pied leur patrie. En ces temps de triste mémoire, on voyait journellement des populations entières déserter, noires de poudre, rouges de sang, ivres de colère ou de douleur, la ville, le village, le hameau qu'elles avaient défendu avec la rage du désespoir; quelques uns des fugitifs se repliaient sur les villes voisines afin de prendre part à la lutte du lendemain; les autres, désespérant des efforts de la résistance, se réfugiaient dans les forêts, dans les carrières, dans les bois mêmes, soit pour y combattre encore, soit pour y attendre des jours meilleurs, soit pour y mourir.

Un des premiers jours d'avril de cette malheureuse année, les habitants de ***, village peu distant d'Epernay, présentaient le désolant tableau d'une de ces retraites. Le matin on avait signalé l'ennemi, et toute la journée le bruit de la fusillade et du canon n'avait cessé de se faire entendre en approchant d'instant en instant d'une manière sensible. Un corps de l'armée impériale, renforcé d'une foule de volontaires des campagnes, était aux prises avec une division russe.

Nul ordre n'était observé dans cette fuite, bien qu'on tendît à atteindre le même but. Ce but, c'étaient les bois que nous apercevons là, à notre droite. Les plus alertes, les moins chargés tenaient la tête de la troupe fugitive; les vieillards, les infirmes fermaient la marche avec les voitures et les bestiaux dont les mugissements plaintifs se mêlaient aux pleurs des femmes et aux cris des enfants. Imaginez quelle scène d'affliction! Songez aux déchirements de tant de cœurs, à la ruine de tant de familles; songez surtout au drame lugubre et sanglant qui se dénouait derrière la montagne, à peine à une lieue de là, au bruit d'un formidable orchestre de canon et de mousquetterie, et vous voterez, j'en suis certain, une couronne à chacun des membres du congrès de la paix.

Vers l'heure du coucher du soleil, le village parut complètement évacué. Les derniers fuyards avaient disparu dans l'épaisseur des bois... tout dans la vallée était redevenu silencieux. Au loin, la canonnade avait cessé de se faire entendre; la fusillade elle-même perdait d'instant à autre de sa vivacité.

On n'entendit bientôt plus que quelques coups de feu isolés, auxquels se mêlaient des clameurs vagues et confuses... Il était évident que tout venait d'être terminé... l'œuvre de destruction était accomplie dans une de ses parties, pour recommencer le jour suivant dans une autre, avec une nouvelle fureur.

Tout-à-coup deux hommes qui, jusques-là, avaient été cachés par un pli du terrain, parurent à l'extrémité Est de la vallée et s'avancèrent d'un pas hâtif dans la direction du village.

Tous deux portaient le simple costume de paysans de la province; ils avaient chacun sur l'épaule un fusil dont la batterie brunie par la poudre, attestait un long et récent usage. Leurs vêtements étaient blancs de cette poussière crayeuse particulière à notre Champagne. La sueur perlait en abondance de leurs fronts et coulait en longues gouttes le long de leur visage fortement hâlé par le soleil et l'air.

Le plus âgé pouvait avoir soixante ans. C'était un de ces robustes vieillards de la campagne, aux épaules carrément taillées, aux traits accentués, aux regards encore pleins de feu et de résolution.

Le second, d'une stature plus haute, d'une taille mieux cambrée, d'un caractère de physionomie moins énergique, quoique d'une grande expression, paraissait un homme de

27 à 30 ans. Il portait de longues moustaches brunes et une impériale, ce qui, joint à ses cheveux coupés ras et à un certain balancement de corps, lui donnait une allure tout-à-fait militaire. On ne pouvait s'empêcher de reconnaître, en voyant ses grands yeux bruns, son front découvert, son nez bien busqué, son air franc et ouvert, que, bien que sa beauté eût quelque chose de rustique, ce n'en était pas moins un fort joli garçon, capable de porter le désarroi dans le cœur de mainte villageoise.

Il était aisé de voir que ces deux individus venaient de prendre part à la lutte en qualité d'auxiliaires.

— Les brigands ! oh ! les brigands ! murmurait avec l'accent de la haine la plus implacable le vieillard dont les traits étaient contractés.

— Ah ! c'est vrai, père Foubert, le bon Dieu nous éprouve bien rudement.

— Tous morts, Martial, tous, répétait avec désespoir l'énergique paysan en se frappant le front de son poing fermé. Crois-tu que ça n'est pas à en devenir fou... eux si jeunes, si utiles.... ils tombent... ils meurent... glorieusement, c'est vrai... pour leur pays, pour leur Empereur... mais ils meurent enfin, là-bas, sous mes yeux !.. tandis qu'un vieux chien comme moi... Ah ! tu as raison, Martial, le bon Dieu se montre bien dur parfois au pauvre monde !...

— Courage ! courage ! père Foubert.

— C'est ça ! courage... Pourquoi ? pour vivre plus longtemps, n'est-ce pas ? pour souffrir et regretter et maudire... pour se manger l'âme ?

— N'avez-vous plus un être à aimer ?

— Oh ! si ! Elle... ma Louise... Tu fais bien de m'en parler, Martial... j'allais l'oublier...

Et le vieillard essuya une larme et comprima un soupir. Cette rude enveloppe contenait un cœur... et ce cœur, quelque résolu qu'il soit, était brisé par la douleur et noyé de larmes.

Puis Martial et le père Foubert redevinrent silencieux et continuèrent d'avancer.

Déjà ils avaient atteint les premières maisons du village. Dans la principale rue, ils s'arrêtèrent en face d'une habitation d'apparence modeste, mais propre.

Au moment où ils allaient frapper, la porte s'ouvrit vivement et une jeune fille toute éplorée se montra sur le seuil.

— Ah ! j'ai cru que vous ne reviendriez plus... je mourais ! — dit-elle.

— Ma fille ! articula le vieillard qui étreignit avec une tendresse convulsive la jeune fille sur son sein.

— Où sont mes frères ? — demanda-t-elle brusquement.

— Là-bas... dit Foubert d'une voix étranglée...

— D'où vous venez ?...

— Oui...

— Pourquoi ne les avez-vous point ramenés ?

— Pourquoi ?... ne m'interroge pas, enfant...

— Oh ! je prévois un horrible malheur !

— Ils sont morts !... dit Foubert, d'un ton qui foudroya la jeune fille.

— Morts !...

— C'est vrai, Louise, — ajouta Martial d'une voix grave, —

François et Joseph sont tombés comme des braves sous les balles russes.

— Des Russes! entends-tu bien, mon enfant? — s'écria tout-à-coup le vieillard dominé par la douleur et la colère ; — des Russes! qui de cinq enfants ne m'ont laissé que toi... quatre fils tués par eux en moins de sept ans!... Oh! les Russes... tu dois les haïr avec la même violence que je les hais moi-même. Car vois-tu, moi, je n'avais de courage que pour mes cinq enfants... eh! bien, quatre sont morts... c'est une grande partie de ma force qui s'est en allée avec mon sang... A quoi suis-je bon... à présent?... Si le bon Dieu était juste, il me rappellerait aussi... mais non, il faut encore que je sois là... pour toi... pour toi... ma Louise... Ah!

Et le père Foubert entièrement vaincu par son chagrin, était tombé sur un siége, et là, la tête entre ses mains, il s'abandonnait aux sanglots qui le suffoquaient, laissant échapper par moments ces mots entrecoupés :

— Morts... tous... Ils les ont tués... Oh! les Russes!

Louise restait anéantie, tandis que Martial, pensif, avait croisé ses bras sur le canon de son fusil et posé son front sur ses bras.

Il y eût une longue et pénible pause troublée seulement par les soupirs du vieillard et les gémissements de la jeune fille. Ce fut le père Foubert qui la rompit.

— Allons, enfants, — dit-il en se levant tout-à-coup; — la nuit est venue... debout! Essuyons nos yeux et en route... Les nôtres sont morts pour la bonne cause, le Seigneur les bénira... Quant à nous, soyons forts, et allons où la main de la Providence nous pousse. Tous ceux du village ont gagné le bois... c'était convenu comme ça... c'est bon...

Je sais où les trouver... Viens, ma Louise, ma seule enfant à présent, viens t'appuyer au bras de ton père... il ne te manquera jamais... C'est pour toi que je veux bien vivre encore; sans ça... Mais les ennemis seront bientôt ici, on les dit à Matougues, et je ne veux pas qu'après avoir tué mes garçons, ils déshonorent ma famille.

A ces mots Martial s'était redressé comme mû par un ressort.

— Déshonorer Louise ! — dit-il d'un ton de menace, — oh ! oh ! qu'ils y viennent.

— A la bonne heure, Martial, — reprit le vieillard; quand tu seras son mari, je vois que je pourrai mourir tranquille.

— Oui, partons, — dit Martial, — Louise, tenez-vous entre nous... et si jamais vous tombez au pouvoir des étrangers, priez pour votre père et pour moi, car c'est que l'un et l'autre seront allés rejoindre ceux que nous pleurons.

Il y avait un tel accent de vérité dans ces paroles, que la jeune fille en fut pénétrée malgré son accablement.

— O Martial ! murmura-t-elle.

Elle lui pressa la main, puis, s'appuyant sur le bras de son père, elle se mit en marche dans la direction du bois.

Le crépuscule du soir enveloppait la plaine de ses ombres indécises; tout bruit avait cessé.

Le père Foubert marchait devant, soutenant Louise que tant d'émotions successives avaient brisée. Martial suivait, l'œil au guet, l'oreille attentive, le doigt sur la détente de son fusil. Tout-à-coup, sur le rideau gris foncé de l'horizon Est, il lui sembla distinguer quelques masses noires et mouvantes. Sans vouloir appeler l'attention de ses compagnons de ce côté, il fit jouer la batterie de son arme et écouta avec un redoublement d'inquiétude, en même temps que son regard semblait, par sa fixité pénétrante, vouloir percer les ténèbres.

— Nous approchons, je crois, — dit tout-à-coup le père Foubert à Louise, — tout-à-l'heure nous serons arrivés ; alors tu pourras prendre du repos... tu dois en avoir besoin après une pareille journée...

— Oh ! c'est de vous plutôt qu'il faut s'occuper, pauvre père...

— Moi ?... Non... je n'ai besoin de rien que de boire... je brûle...

— Silence ! — interrompit d'un ton impératif la voix mâle de Martial.

— Qu'est-ce que c'est, garçon ? demanda le vieillard en se redressant.

— Une troupe de cavaliers vient de déboucher dans la vallée... entendez-vous le pas des chevaux et le cliquetis des sabres ?

— Oui, mais quels sont ces soldats ? Français ou Russes ?...

— Russes... je ne reconnais pas l'allure de nos chevaux dressés à l'école de régiment.

— Oh ! ce sont eux... ce sont...

— Pas un mot... ou nous sommes découverts... Ils approchent ; et d'ailleurs dans le calme de la nuit chaque parole rencontre un écho.

En ce moment le père Foubert heurta une pierre et fit une chute ; il ne put, en se relevant, contenir un juron qu'accompagna un cri de Louise.

Ce double bruit fut entendu de la troupe ennemie, car deux ou trois coups de feu partirent presque au même instant : les balles sifflèrent au-dessus de la tête des fugitifs.

— Attendez, brigands ! attendez, je vais vous répondre, gronda sourdement le vieillard en épaulant son fusil.

Mais Martial, plus rapide que la pensée, en abattit le canon vers la terre.

— Êtes-vous fou, que vous oubliez que Louise est avec nous ? — dit-il d'un ton de reproche.

Foubert ne répondit que par un soupir.

— Jetons-nous dans les vignes, — dit Martial extrêmement bas — et, alerte ! ne perdons pas une minute.

Ce conseil, qui pouvait ressembler à un ordre, n'admettait pas de réplique dans les circonstances présentes ; il fut exactement suivi. Il était temps, du reste, car à peine venaient-ils d'atteindre tous trois la lisière du bois, à peine s'étaient-ils enfoncés sous son ombre protectrice, qu'un rayon de lune se dégageant, leur laissa voir plusieurs cavaliers qui, le sabre et la lance au poing, fouillaient la route qu'ils venaient de suivre.

Pendant ce temps, le gros de la troupe envahissait le village. La lueur rougeâtre de quelques toits de chaume que les vainqueurs venaient d'incendier dans les environs, éclairait cette prise de possession d'un reflet étrange et fantastique.

La nuit était alors entièrement close.

Martial, Louise et Foubert jetèrent un triste regard sur la scène qui se passait au fond de la vallée ; muets, immobiles, ils semblaient cloués à la même place. Leurs mains se rencontrèrent instinctivement dans l'ombre, et leurs pensées se communiquèrent par une étreinte expressive.

— Assez de regrets ; — dit Martial, — marchons !...

Et ils s'enfoncèrent dans l'épaisseur du bois... »

....

...... — Si nous faisions une pause ici ? — dit malicieusement V. Fiévet en interrompant son récit. — Laissons un peu marcher nos personnages dans le bois, où il fait d'ailleurs si sombre que nous aurions de la peine à les suivre.

— Non... non... continuez ! nous écriâmes-nous d'une voix, car l'histoire commençait à nous intéresser.

— O humanité ! l'égoïsme est le fond de ton cœur.

— Comment cela ?

— Sans aucun doute, et vous en êtes une preuve très-palpable : Savez-vous bien que les Arabes assis en rond le soir, au milieu du désert, sont plus pitoyables que vous, puisqu'ils permettent au moins au conteur qui leur fait de si féeriques histoires de puiser de temps à autre des forces et des inspirations dans les outres de la caravane... Et cependant l'eau est chère dans le Sahara, et les voyageurs prodiguent moins cet élément que nous ne faisons de celui-ci.

En disant ces mots, Fiévet sortit d'une des poches du véhicule une bouteille de ce vin mousseux, qui chaque jour pétillait sur sa table et saluait son excellent dîner de ses nombreuses détonations. Dans une autre poche il y avait des flûtes; il nous en tendit une à chacun.

— Hé ! hé ! me dit-il, en faisant sauter prestement le bouchon et en nous versant le liquide perlé, avouez que voilà des verres qui valent un peu mieux que les vôtres ;

d'abord ils sont plus gais et joliment pleins de leur spirituel sujet.... hein ?

Le bon mot était odieusement mauvais, mais la pensée était juste... Nous applaudîmes tous de bon cœur. On grignotta quelques biscuits, quelques échaudés qui servaient de locataires à une troisième poche de la voiture ; une nouvelle rasade fut versée et chacun but à la santé du conteur qui, ainsi réconforté, continua son récit interrompu un moment par l'incident que nous venions de vider.

III

Le père Foubert était le type de ces rudes vignerons champenois, alertes d'esprit, dispos de corps, fermes de volonté et par-dessus tout inébranlables dans leur foi. Il avait servi sous Louis XVI, au régiment de Champagne; un peu avant la révolution il avait, par suite de je ne sais quelle circonstance, demandé et obtenu son congé. De retour au pays, il s'était marié avec une jolie fille d'Avize, et comme il possédait dans le village de*** quelques vignes provenant de l'héritage maternel, il vint s'y fixer. Là, il agrandit sa petite propriété, la cultiva avec un soin extrême et finit par espérer qu'un jour à venir le bien-être dont il jouissait s'accroîtrait au point d'être une modeste fortune. Tout cependant ne devait pas marcher ainsi au gré de son désir. L'homme arrange dans son esprit les évènements et les choses ; mais les évènements viennent souvent jeter le trouble dans l'harmonie de ses projets. En moins de huit ans, la femme de Foubert lui donna quatre fils et une fille. A peine le dernier de ces enfants eut-il vu le jour que la période de bonheur du pauvre homme parut close à jamais. Sa femme mourut d'une longue et douloureuse maladie à la suite de sa dernière couche. L'Empire lui enleva successivement deux fils qui trouvèrent une mort glorieuse sur les champs de bataille de l'Europe. Puis, il y eût comme un intervalle dans les épreuves imposées à ce pauvre homme. De 1812 à 1814, nul nouveau malheur n'assombrit cet horizon intime du père et des trois enfants qui lui restaient. Au contraire, sa fille Louise, jusques-là délicate et chétive, atteignit sa dix-huitième année, et sa santé parut s'asseoir; sa beauté, devenue moins grêle, se dessinait chaque jour de plus en plus et attirait au vigneron autant de compliments flatteurs qu'elle valait d'hommages à la jeune fille. Fiancée depuis deux ans avec un jeune homme du village, nommé Martial, on n'attendait plus que la fin de la guerre pour conclure le mariage.

Martial avait servi dans un régiment de lanciers; mais une blessure grave reçue à l'épaule, en 1809, lui avait fait délivrer son congé de réforme. Les deux fils qui restaient au père Foubert, comme on l'appelait communément dans le village, avaient, l'un 17 et l'autre 19 ans.

Les choses allaient donc pour le mieux, lorsque 1814 arriva. D'abord les revers, ensuite l'invasion. A la nouvelle que l'étranger venait de forcer la frontière, qu'il marchait sur la Champagne, Foubert s'était senti ému, son cœur avait bondi de colère; car, pour lui, non seulement l'étranger était un fléau général amenant à sa suite la dévastation et la ruine, mais il réveillait au plus profond de son être le souvenir de ses fils morts sur la terre lointaine. En présence donc du péril, sous l'empire du ressentiment, Foubert appela Joseph et François, les deux garçons qui lui restaient, et, comme le vieil Horace, il leur tendit des armes... Il ne leur avait pas dit de marcher, mais de le suivre. Martial était venu se joindre à sa future famille, et à peine le canon avait-il retenti dans la ville voisine, que tous quatre étaient résoluement partis pour se mêler au combat. Refoulés avec les autres défenseurs, ils s'étaient repliés sur le village. C'est non loin de là que les deux frères de Louise étaient tombés sous le feu de l'ennemi, l'un frappé d'une balle en pleine poitrine, l'autre la tête fracassée par un éclat d'obus.

Nous connaissons le reste des faits.

Maintenant, et pour aborder franchement la partie psychologique de ce récit, voici ce qu'on savait dans le village de l'amour de Martial et de Louise.

Martial aimait sa fiancée plus que lui-même. A ce sentiment profond, absolu, il eût sacrifié sa vie sans hésitation aucune... C'était plus qu'un amour, c'était une passion, un culte.

D'un tempérament plus mélancolique, la jeune fille ne laissait guère percer le secret de son cœur. C'est que Louise n'avait point de secret, c'est qu'elle ressentait pour Martial une affection aussi profonde, mais d'un caractère différent. Cette affection, qu'elle-même pouvait croire de l'amour, n'était, en réalité, qu'une amitié d'autant plus sérieuse qu'elle avait établi ses racines dès la plus tendre enfance de la jeune fille. Élevée avec Martial, habituée de bonne heure à le considérer comme devant être un jour son mari, elle n'avait jamais douté qu'elle eût pour lui les sentiments qui font le bonheur d'une union. Toutefois, en pensant ainsi dans l'innocence de son cœur, Louise se méprenait elle-même : l'amour n'avait jamais agité les ondes limpides de cette âme virginale. C'était d'ailleurs une de ces natures intelligentes, mais tardives, dont la vie est plutôt au cerveau qu'au cœur. Caractère doux, rêveur, elle n'habitait que peu ce monde ; elle se sentait presque constamment transportée dans l'atmosphère vaporeuse des régions imaginaires. Cet état maladif de l'âme est essentiellement compatible avec les organisations délicates et nerveuses. Louise l'avait contracté dans son enfance débile, étiolée, qui s'était écoulée, ainsi que je l'ai dit, entre les souffrances de sa mère, la mort de ses frères et le désespoir paternel. Les âmes jeunes reçoivent aisément l'empreinte des tristesses qui les entourent.

Pour l'intelligence de ce qui doit suivre, il n'est pas inutile d'ajouter que la jeune fille, idole des siens, à cause de sa faiblesse et de sa grâce calme, élevée dans un milieu rustique, il est vrai, mais où régnait une certaine aisance, n'avait jamais pris part aux rudes travaux qui sont d'ordinaire le partage des filles de la campagne, et pour lesquels, du reste, elle ne semblait pas née. Le père Foubert avait mis son orgueil à en faire *une demoiselle*. C'est ainsi que, pendant près de deux ans, il l'avait confiée aux soins d'une parente qui habitait Reims. Là, Louise reçut une certaine éducation ; elle lut beaucoup, et son esprit, ainsi alimenté, hâta son développement naturel. Les natures richement douées pressentent ce qui leur convient, et jouissent d'une faculté d'assimilation bien faite pour leur rendre facile ce qui concourt à leur perfectionnement.

Telle était moralement la situation respective de nos trois

personnages au moment où nous avons fait connaissance avec eux. Ceci posé, je reprends mon récit un moment interrompu par cette digression nécessaire.

Quoique beaucoup de personnes l'ignorent encore, il existait autrefois dans les flancs de la montagne sur laquelle s'étend une partie des bois d'Epernay, de vastes cavités, espèces de carrières formées très-vraisemblablement par l'extraction des pierres dont on a autrefois bâti nos villes, et dont on se servait pour les meules de Saint-Martin et d'autres pays avoisinants. Quelques paysans seuls avaient la connaissance de ces souterrains, aujourd'hui comblés, et de leurs issues secrètes. C'est dans l'une de ces retraites que, comme autrefois les Chrétiens persécutés, se retirèrent les habitants de plusieurs villages. Les gens des villes, moins favorisés, furent contraints de camper dans quelques parties épaisses du bois.

Le père Foubert, accompagné de Louise et de Martial, traversa deux de ces campements improvisés; et, comme il était de ceux à qui l'existence des carrières était connue, comme il en savait l'accès, il n'eut pas de peine à rejoindre ses amis fugitifs.

Ce fut pour les nouveaux venus un spectacle étrange que ce bivouac d'une population sous les voûtes sombres et humides de la crypte. Ces feux allumés de distance en distance; ces groupes d'hommes armés, de femmes craintives, éplorées, de bestiaux; ces rumeurs singulières de voix et de piétinements répercutés par les sonorités des voûtes, tout cet ensemble avait quelque chose de saisissant et de profondément dramatique à la fois.

Le père Foubert, Louise et Martial furent reçus avec empressement. Ils apportaient des détails de la journée, ils annonçaient la prise de possession du village ; puis, Martial avait de tristes messages pour certaines familles. Pendant la bataille il avait vu tomber à ses côtés plusieurs habitants du village ou des hameaux voisins : par lui, plus d'une femme apprit qu'elle était veuve, plus d'une mère sut qu'elle n'avait plus de fils, plus d'une fille eut connaissance de la mort d'un père. De nouvelles larmes accueillirent ces déplorables nouvelles. Enfin, Foubert raconta brièvement la mort de ses deux fils... Ce dernier récit éveilla de vives sympathies dans l'assemblée. Quand il ne s'agit point d'un mal physique, on ne compatit bien qu'aux tourments dont on ressent ou dont on a ressenti soi-même les atteintes. Les chagrins n'ont de véritable écho que dans l'âme de ceux qui souffrent des mêmes fluctuations douloureuses de la vie. Peut-être est-ce un instinct égoïste de l'homme qui le veut ainsi ?... Quelle que soit la raison de ce fait, il ne saurait être contesté...

Plusieurs jours s'écoulèrent au milieu de continuelles alarmes; mais sans amener d'incidents remarquables. Le père Foubert devenait de plus en plus sombre, malgré les consolations de Martial et les caresses de Louise. Les derniers coups qui l'avaient frappé étaient si rudes que toute sa force morale était anéantie. A cet homme d'action, il eût fallu du mouvement, de l'air, du bruit pour étourdir son chagrin et lui donner un dérivatif ; au lieu de cela, entouré de douleurs pareilles à la sienne, morne, immobile, il sentait se rouiller les ressorts puissants de son énergie. La seule pensée avec laquelle il vécut était celle de venger ses fils...

—Si je n'avais cette espérance pour me soutenir, disait-il,

je me tuerais!... A quoi sert que je vive à présent, sans feu ni lieu; sans mes braves garçons qui réjouissaient mon vieux cœur ?...

— Vous m'oubliez, mon père?... je ne suis donc rien pour vous ? répétait Louise d'un accent de reproche.

— J'ai tort!... Je suis un vieux égoïste... pardonne-moi... mais, voyons!... Puis-je être bon à quelque chose ? Non... et d'ailleurs je porte malheur à ceux que j'aime... j'ai un sort... N'est-ce pas vrai?... Si je mourais, tu épouserais Martial... Il t'aime... c'est sûr... Ça serait pour toi un protecteur, un appui... Il n'a pas de sort attaché à lui, au moins... et toi, tu l'aimes aussi, n'est-ce pas, *petiote?*... et tu serais heureuse...

La jeune fille soupirait, baissait la tête, devenait pensive, mais ne répondait autre chose que ces mots :

— Oh ! taisez-vous... vous vivrez!...

Constamment sur le qui-vive, les hôtes de la carrière ne se hasardaient guère à sortir que rarement, soit pour communiquer avec les habitants des villes réfugiés dans le bois, soit pour se procurer de l'eau. Mais ces sorties effectuées, pour la plupart, au milieu de la nuit étaient de trop courte durée, et du reste, tous ne pouvaient y prendre part ; or, l'air manquait dans les souterrains pour alimenter, sans être renouvelé, l'existence de tant d'êtres ; celui qu'on y respirait, humide par la nature même du lieu, se trouvait vicié par trop d'haleines et rendu fétide par la co-habitation des bestiaux. La maladie se déclara ; elle exerça d'autant plus de ravages qu'elle eut une prise facile sur ces créatures habituées au travail, maintenant condamnées à l'inaction et en proie à une démoralisation profonde... Rien ne prédispose davantage à l'état morbide que les souffrances morales, les inquiétudes incessantes de l'avenir, et Dieu sait combien elles grandissaient chaque jour pour les réfugiés de la carrière!... Puis il y avait des blessés, des infirmes!

Bientôt une partie de la crypte fut convertie en hôpital. Louise se montra admirable de dévouement dans les soins qu'elle prodigua aux malades. Assistant le curé, elle relevait par de douces paroles les esprits découragés. Infatigable, active, on eût dit, à la voir ainsi accomplir la tâche qu'elle s'était imposée, une de ces saintes femmes qui consacrent leur vie au soulagement des faibles, des souffrants et des pauvres, plutôt que la songeuse fille que les gens du village croyaient toujours plus occupée de rêveries que de réalités. C'est que le sentiment de la compassion l'animait, et faisait naître en elle une force, une ardeur qu'on était loin d'y supposer en la voyant

Un jour qu'elle était sortie dans le but de cueillir plusieurs sortes de plantes destinées aux malades, elle s'aventura pour cette recherche dans une partie assez lointaine du bois.

Elle allait revenir sur ses pas, lorsqu'à l'extrémité de l'étroit sentier qu'elle suivait, elle aperçut plusieurs soldats étrangers. Son premier mouvement fut de se jeter dans le taillis... Il était trop tard... Elle avait été vue: en un moment l'espoir qu'elle avait eu d'échapper s'évanouit; elle fut entourée et saisie par ces hommes. Ils étaient trois. A leur uniforme, elle reconnut qu'ils appartenaient au même corps que ceux qui avaient envahi le village. Elle se souvint alors que du haut de la montagne son père avait dit en les distinguant à la lueur des feux : « Ah ! ce sont des Cosaques ! »

Il faut bien se pénétrer de la terreur qu'inspirait alors ce nom, pour comprendre ce qu'éprouva Louise... Il faut se dire que les gens au milieu desquels elle vivait dans la carrière, racontaient chaque jour les faits les plus atroces, les plus révoltants, commis par ces sauvages qui se faisaient par leurs cruautés une effroyable réputation. Il y avait assurément de l'exagération dans toutes ces histoires, car les deux sentiments qui les dictaient, — la crainte et la haine, — mettent généralement les choses au pire. Quoiqu'il en soit, Louise eut peur. Sans se rendre bien compte du danger qu'elle courait, elle comprit qu'il était grand, et en ce sens, elle n'avait pas tort. Au surplus, rien dans ces militaires n'était de nature à inspirer à son esprit des idées rassurantes. Leur malpropreté, leur laideur extrême, leur idiome, mélange de cris et d'intonations gutturales, la joie sauvage qu'ils manifestaient en s'emparant de leur proie, semblaient se réunir pour porter au comble la juste épouvante de Louise.

Ils l'entraînèrent, dans une marche rapide, l'espace d'un quart de lieue. La pauvre enfant ne pleura pas, ne gémit pas; puisant en son cœur cette force que la vertu donne aux plus faibles, elle pria.

— Mon Dieu ! — disait-elle mentalement, — je suis entre vos mains... secourez-moi... ne m'imposez pas de nouvelles épreuves, elles seraient au-dessus de mon courage... Oh ! — ajoutait-elle avec un frisson, — je suis perdue !... Peut-être ils vont m'égorger... peut-être...

Elle eut un moment d'indicible terreur...

—Oh ! non !.. non! — murmura-t-elle, répondant à sa pensée, —non, c'est impossible !

On était arrivé dans un endroit très-écarté. Les trois hommes s'arrêtèrent et se mirent à se consulter à mi-voix. Louise était l'objet de leur entretien, elle n'en pouvait douter, car à chaque moment, au milieu d'un flot d'âpres paroles, ils la désignaient du doigt. Elle profita de ce moment de répit qui lui était accordé pour sonder de l'œil les détours sinueux du bois... La fuite était impossible, ce fut la triste conviction qu'elle acquit de cet examen.

Cependant la conversation entre ses trois ravisseurs s'animait; elle dégénéra bientôt en querelle. Elle les vit du regard, se menacer ; leurs yeux étincelaient comme ceux de tigres se disputant une proie. Des mots on en vint aux gestes ; les sabres furent tirés... Louise baissa avec désespoir la tête sur son sein, en pensant que son déshonneur était l'enjeu de cet horrible débat. Elle essaya de fuir, de crier, d'appeler ; mais, tel était son effroi, qu'elle se sentit paralysée, chancelante, muette.

Un instant, comme pour couper court à toute contestation, le plus exaspéré des trois hommes s'élança vers elle et leva son sabre au-dessus de sa tête. Tout était dit : elle allait mourir !... Instinctivement elle ferma les yeux, lutta, se débattit... A cet âge on n'aime pas voir la mort fondre sur soi ; elle s'est toujours tenue si éloignée qu'on n'est point préparé à son approche soudaine... Il faut avoir vécu pour l'envisager avec indifférence, sinon même avec joie.

Mais lorsque, surprise de vivre encore, elle r'ouvrit la paupière, celui qui l'avait menacée se démenait entre les mains de ses deux camarades. Enfin, moitié par persuasion, moitié par menace, l'accord parut se rétablir parmi les Cosaques. Un d'eux s'approcha de Louise, lui arracha brutalement ses boucles d'oreilles, sa croix d'or et une bague, précieux souvenirs qui lui venaient de sa mère, et qu'au prix de son sang elle eût voulu conserver...

Vainement elle essaya de résister pour sauver ce bijou, vainement elle étendit d'un air suppliant ses mains jointes vers le voleur... Un éclat de rire répondit seul à ses prières...

Cependant la nuit ne pouvait tarder à descendre. Les rayons rouges du soleil couchant glissaient obliquement à travers les arbres... Que pensait-on dans la crypte de l'absence prolongée de Louise !... Cette réflexion fut un nouveau déchirement pour son cœur.

Ses ravisseurs venaient de se partager ses bijoux ; ils l'enveloppèrent... Il devenait impossible de se méprendre sur leur dessein. L'un d'entr'eux, guidé par la passion farouche qui brillait dans ses yeux, posa sa main sur elle. Louise fit un mouvement de dégoût, le repoussa avec terreur, recula de deux pas et poussa un cri effrayant de détresse en se sentant saisir par les épaules.

Comme si ce cri eût éveillé un écho dans le bois, un autre cri lui répondit. Etait-ce une illusion de ses sens troublés, une erreur de son esprit ?... Mais de même que le naufragé se cramponne à tout ce qui semble devoir retarder l'instant fatal, de même Louise sentit renaître dans son âme un fugitif rayon d'espérance.

Elle écouta palpitante, oppressée...

— Louise !... Louise !... cria une voix bien éloignée

sans doute, mais que la jeune fille reconnut pour celle de Martial.

— Sauvée! dit-elle les mains jointes et les yeux levés vers le ciel avec un inexprimable sentiment de gratitude.

Elle allait répondre à l'ami qui l'appelait, lui crier : « Je suis en péril!... accours!... délivre-moi!... » Mais, non moins attentifs qu'elle à suivre l'incident qui surgissait, les Cosaques, en échangeant un regard sinistre, détachèrent de leurs ceinturons les longs pistolets qui y étaient suspendus et se disposèrent à défendre leur proie. Il y avait une telle expression de férocité répandue sur la physionomie de ces sauvages, inaccessibles d'ailleurs à toute pitié, que Louise laissa retomber avec accablement sa tête sur sa poitrine. Elle venait de comprendre que Dieu la délaissait; une lueur d'espoir n'avait rayonné un moment dans son esprit, comme une dérision du sort, que pour rendre l'épreuve plus amère.

En effet, cédant à cet instinct de conservation, naturel chez tous les êtres, pouvait-elle appeler son fiancé?... Non, car si Martial accourait à ses cris, fût-il armé, il ne pourrait soutenir avec la moindre chance de succès une lutte contre les trois soldats et tomberait égorgé par eux. Voilà ce que pensa Louise; et, s'enveloppant de son malheur comme d'un manteau, elle se résigna au silence.

— C'est assez d'une victime! se dit-elle.

Et puis, ce à quoi n'avait pas songé la généreuse enfant, c'est que Martial tué sous ses yeux ne la sauverait pas. Plutôt que de se laisser ravir leur victime, les Cosaques ne préféreraient-ils point l'assassiner? Cela était de toute vraisemblance pour qui connaissait les mœurs de ces hommes farouches et cruels.

— Louise !... appela de nouveau Martial beaucoup plus près encore.

La jeune fille fit un violent effort sur elle-même; mais elle resta impassible, ne redoutant qu'une chose; c'était que son fiancé parvînt de sa propre inspiration dans ce lieu. Elle ne trembla plus pour elle, mais pour lui...

Egalement immobiles, les Cosaques attendaient, prêts à la lutte.

Effrayante perplexité ! terrible incertitude !...

Cinq minutes s'écoulèrent, cinq siècles pour Louise, pendant lesquelles Martial avait, à différentes reprises, fait retentir l'air du nom de celle qu'il aimait.

Puis cette voix, qui chaque fois emplissait Louise d'une mortelle tristesse, cette voix alla en s'éteignant et ne fut bientôt plus qu'un son vague et plaintif dans l'espace, n'arrivant à l'infortunée que comme un douloureux et suprême adieu.

Puis l'on n'entendit plus rien que le bourdonnement monotone des insectes et le chant mystérieux des oiseaux rassemblés pour la prière du soir.

Alors Louise se revit seule, seule avec son angoisse, seule, face à face avec la réalité. Elle se sentit défaillir à l'idée de cet abandon complet de tout ce qui l'aimait. Tant que la voix amie de Martial s'était fait entendre, elle avait soutenu la pauvre enfant, même en aiguillonnant sa souffrance... En frémissant de crainte pour un autre, elle s'était presque oubliée. La force du sacrifice, ce fièvreux entraînement des nobles âmes, elle l'avait eue jusqu'au bout... Maintenant en présence de son isolement, un abattement immense la saisit.

— Mon père avait raison, — se dit-elle avec amertume et en donnant un libre cours à ses pleurs, — ses enfants étaient prédestinés !... Après lui avoir tué ses quatre fils, les Russes devaient déshonorer sa fille... Mon Dieu ! ayez pitié de mon âme... je mourrai !...

Le calme de la Nature lui faisait mal, car il formait un contraste poignant avec les troubles, les déchirements, les tortures de son âme.

Elle adressa un adieu mental à tout ce qu'elle aimait. Ses genoux faiblissaient... ses yeux se troublèrent... Il lui sembla que tout tournait... Comme à travers un voile, elle vit vaguement les trois soldats qui s'avançaient pour la saisir... leurs mains la touchèrent... Elle tenta un suprême effort pour les repousser...

Puis, elle ne vit plus rien, n'entendit plus rien...

Rassemblant toutes les puissances vitales qui l'abandonnaient, elle arracha de sa poitrine un cri déchirant, plein de détresse et d'épouvante, et s'affaissa sur elle-même...

Elle était évanouie.

....

IV.

Ici notre ami Victor Fiévet s'essuya le front et s'interrompit de nouveau.

— Eh! bien que faites-vous? demandai-je.

— Vous le voyez bien... je me tais.

Vainement nous insistâmes pour l'engager à poursuivre.

— Impossible! dit-il.

— Le mot n'est pas français.

— D'accord!.. Mais je n'en suis pas moins inexorable comme le Destin.

— Pourquoi?

— Ne voyez-vous point que nous arrivons à Pierry.

— Qu'est-ce que cela fait?

— Cela fait que je me repose.

— Belle idée!.. Et pendant combien de temps?

— Le sais-je ?.. je vais m'abandonner à mon inspiration. En attendant, souffrez que je conclue par la formule traditionnelle. *La suite au prochain N° !!!..*

Il fallut bien nous résigner à attendre le caprice de notre conteur. Au surplus, la circonstance invoquée par lui était parfaitement exacte : nous entrions dans Pierry avec un petit temps de galop dont tout notre être fut ébranlé, cahoté, vermoulu.

Victor Fiévet riait sous-cape.

— Quelles secousses ! nous écriâmes-nous.

— C'est Pierry ! dit malicieusement Victor en excitant le cheval.

— Ah ! çà ! est-ce que nous roulons sur des barricades ?

— Non, c'est Pierry !

— Quelle plaisanterie atroce !.. arrêtez ! ou vous allez nous disloquer les os et rompre notre voiture.

— Bah ! vive Pierry ! toujours Pierry !..

— Est-ce un supplice ! est-ce une épreuve ? dites-le !.. nous écriâmes nous tous d'une voix agitée.

— Rien de tout cela, mes amis ; c'est Pierry, vous dis-je !

— Quelle atroce mystification... Mais arrêtez donc...

— Vous demandez grâce alors ?

— Parbleu !

— Vous en avez assez ?

— Nous en avons trop.

— A la bonne-heure. Pierry, tu as vaincu ! stop !..

Et toujours livré à son hilarité, que nous trouvions

tout-à-fait hors de propos, Victor Fiévet modéra l'ardeur du cheval.

Une découverte répandit soudain un nuage sur son intempestive gaîté. Une des bouteilles de champagne qui garnissaient, à titre de réserve, l'une des poches du véhicule, venait de se briser par l'effet d'un choc. A l'aspect du désastre, notre ami tout désappointé se gratta l'oreille et se mit à grommeler :

— Diable!.. Voilà des sottises... on cahotte, on turlupine ses amis, soit!.... On leur fait éprouver toutes les sensations que procure un sol inégal, bien!... on les entre-choque même un peu, très-bien!... mais pousser les choses jusqu'à répandre son vin, voici où le drôle cesse et où la maladresse commence. Et c'était du meilleur encore!.. de l'Ay premier choix!.. du Richard!... ajouta-t-il d'un air de contrition sincère et avec un soupir gros comme lui-même.

Quoiqu'encore endoloris d'une course qui rappelait celle du fils de Thésée à travers les roches, ce fut à notre tour de rire de sa déconvenue.

Sans doute, mon cher Anatole, vous n'avez jamais pénétré dans ce grand village qu'on appelle Pierry. Le hasard ne vous a jamais conduit, dans l'une de vos périgrinations, sur son rude et anguleux pavé? Pour notre compte nous ne fîmes que traverser la rue principale qui le partage en deux, mais cela nous a suffi pour en conserver un éternel souvenir.

O Pierry! ton nom vient de *pierre* assurément, et tu ne mens pas à ton origine. Où messieurs tes édiles ont-ils pêché le caillou rocailleux qui te sert d'asphalte et de mac-Adam? Il a une rudesse toute démocratique. Je croyais que le Rhône seul avait le monopole de le fournir et la ville de Lyon celui de l'employer. Il paraît qu'il y a concurrence, et je vois qu'il est toujours quelques erreurs de notre jugement, sur lesquelles on est obligé de revenir. Vaincu par l'évidence, je m'amende et me plais à reconnaître que Pierry n'est pas plus incapable que Lyon d'embellir ses routes avec ces petits pains de pierre que charrient certains grands fleuves, et auxquels on octroie par extension le nom de pavés.

En entrant dans le village, s'élève à droite, une maisonnette rustique toute construite de morceaux d'arbres tortueux auxquels on a conservé leurs écorces, leurs saillies et leurs aspérités naturelles. Elle est l'œuvre et le spécimen de son propriétaire, un sieur Balland, je crois, tapissier champêtre, qui s'occupe de l'ameublement des jardins. On assure, — que n'assure-t-on pas quand il s'agit de médire du prochain, — que ce digne artiste unit à une intelligence parfaite de sa profession un penchant un peu développé pour la bouteille. Je n'en crois rien : le monde est si méchant, et la calomnie.... Ici je pourrais vous copier le morceau de Basile avec beaucoup d'à-propos... mais vous le connaissez aussi bien que moi.

Pour en revenir à notre artiste, en admettant qu'il aimât à se raffraîchir fréquemment, qu'est-ce que cela prouverait ?.. Rien, je suppose : sinon qu'il est homme de goût et sait apprécier la richesse du sol qu'il foule... Si j'étais un des heureux habitants de la Champagne, je m'abandonnerais aux délices de la dégustation des vins du crû. Se griser de champagne, n'est point d'un homme vulgaire ; ce n'est pas se griser à bien dire, c'est rendre hommage à ce qui est beau, à ce qui est bon, et je ne sache point qu'on doive être blâmé pour un tel acte. C'est très-bien porté. Au surplus si notre homme avait besoin d'une excuse, s'il avait la faiblesse d'en chercher une, l'histoire, les écritures mêmes ne lui en offriraient-elles pas de nombreuses?... Allons, allons, il ne faut pas être rigoriste : le nectar d'Ay a fait tourner des têtes plus fortes que la sienne et qui, certes, avaient de plus puissants motifs pour se bien tenir. Princes, diplomates, généraux, fonctionnaires,

« Combien en ai-je vu qui, battant la campagne,
« Noyaient leur gravité dans les flots du champagne !...

L'Anglais, l'Américain, le Russe paient des sommes fabuleuses pour avoir du vin mousseux qu'ils adorent, et sans lequel tout repas leur semblerait fade, incomplet, inconfortable.

Et vous, brave Balland, vous la perle des soiffeurs, vous l'avez sous la main ; il vous coûte une misère. On ne vous le charge ni d'eau-de-vie, ni d'acide tartrique, ni de carbonate de soude, et vous ne lui feriez pas fête !... Ah ! bah ! Buvez donc, artiste ; le vin en général est l'aliment de l'imagination, et celui qui se récolte à votre porte en particulier... Buvez sans remords, tubleu ! il n'y a que les Turcs qui ne boivent pas... et encore !...

Quoiqu'il en soit, mon cher Anatole, si jamais le hasard, qui vous a protégé jusqu'à ce jour, vous amène à Pierry, n'oubliez pas de visiter notre artiste : je vous le recommande... Ses jardinières m'ont paru élégantes, ses fauteuils coquettement contournés, et ses chaises rustiques dessinées avec beaucoup de caprice et de désinvolture.

La grande rue est bordée de fort belles habitations de plaisance, appartenant en grande partie à l'aristocratie du bouchon et de la bouteille. Une de ces maisons me fut signalée par mes compagnons de route comme digne de plus d'attention. C'est celle du célèbre et infortuné Cazotte.

Nous descendîmes de voiture pour la visiter.

Cazotte !... Ce nom réveille de douloureux souvenirs, car il se rattache à une époque féconde en tourmentes et en crimes. Qui ne connaît de réputation l'aimable auteur du *Diable Amoureux*, d'*Olivier*, du *Lord impromptu*, et d'une foule de créations, éphémères il est vrai, mais où le piquant de la verve le dispute à la finesse du goût. Ce fut un des mérites de Cazotte d'avoir su captiver l'attention publique par son esprit et son originalité à une époque où l'esprit était chose commune, et où l'originalité était de mode. Il fut le créateur d'un genre de littérature tout particulier, qui n'a point eu d'imitateurs et qui, du reste, n'en admettait pas.

Jacques Cazotte naquit à Dijon, en 1720. Destiné de bonne heure à la carrière administrative, il fut, à 27 ans, nommé commissaire de la marine à la Martinique où il épousa Elisabeth Roignau, fille du juge principal de cette colonie. Mais le climat des tropiques altéra sa santé. Il revint en France avec sa famille, et habita alternativement Paris, où sa place fut bientôt marquée dans le monde intelligent, et le châtelet de Pierry qu'un parent lui avait légué.

C'est sous les ombrages que nous parcourions qu'il composa la plupart des petits ouvrages qui ont popularisé son nom ; c'est dans cette habitation que sa femme le rendit plusieurs fois père.

Ainsi, entre une société de choix, entre les charmes de l'étude et les joies ineffables de la famille, Cazotte laissait doucement couler ses jours, sans regret du passé, sans souci de l'avenir. Cependant sa gaîté s'altéra bientôt par la nature même d'un genre de préoccupations et de recherches auxquelles il se livra. A la suite d'une singulière aventure que lui attira son roman du *Diable Amoureux*, il s'appliqua à l'étude de la Cabale, de la Magie, des Sciences abstraites. Ses idées, riantes jusques-là, revêtirént une teinte de mysticisme et de rêverie qui ne l'abandonna plus. C'était une mode alors pour certains esprits de s'intéresser à quelques sectes d'initiés ou d'illuminés ; Cazotte fit davantage, il s'y associa. Il se crut inspiré. Peut-être l'était-il en effet, puisque l'on affirme qu'il prophétisa des faits qui se réalisèrent. Dans ce siècle de prédictions, de tables tournantes, de chapeaux parlants, d'électricité, de magnétisme, que sais-je?... on voit et l'on entend dire des choses si inconcevables, qu'on ne sait si l'on dort ou si l'on veille, et qu'on est fort embarrassé de dire bien au juste ce dont on doute et à ce dont on croit. Il n'y a que les sots qui refusent tout, qui doutent de tout d'une manière absolue et péremptoire. Pour eux, ce qu'ils ne peuvent comprendre ni pénétrer n'est digne que d'une méprisante négation. Quant à moi, je prends le parti d'être d'une crédulité constante: j'espère par ce moyen me retirer bien des perplexités de l'esprit. Si demain l'on venait me dire que le soleil est tombé sur la place de la Concorde, il me semble que je ne saurais répliquer autre chose que ceci : « A-t-il brûlé beaucoup de monde ? »

« Ne sois jamais surpris, tu seras toujours fort. »

Telle est désormais ma maxime, et je la crois bonne.

Mais au sujet de Cazotte et de ses prédictions, je ne puis m'empêcher de vous rappeler ce que raconte Labarpe :

« Il me semble que c'était hier, dit-il, et c'était cependant au commencement de 1788. Nous étions à table chez un de nos confrères à l'Académie, grand seigneur et homme d'esprit. La compagnie était nombreuse et de tout état : gens de cour, gens de robe, gens de lettres, académiciens, etc. On avait fait grand'chère comme de coutume. Au dessert, les vins de Malvoisie et de Constance ajoutaient à la gaîté de bonne compagnie cette sorte de liberté qui n'en gardait pas toujours le ton. On en était alors venu, dans le monde, au point où tout est permis pour faire rire. Chamfort nous avait lu de ses contes impies et libertins, et les grandes dames avaient écouté sans même avoir recours à l'éventail. De là un déluge de plaisanteries sur la religion ; l'un citait une tirade de *la Pucelle*, l'autre rappelait ces vers philosophiques de Diderot :

> Et des boyaux du dernier prêtre,
> Serrer le cou du dernier roi.

et d'applaudir. Un troisième se lève, et, tenant son verre plein : « Oui, messieurs, s'écrie-t-il, je suis aussi sûr qu'il n'y a pas de Dieu que je suis sûr qu'Homère est un sot ; » et, en effet, il était sûr de l'un comme de l'autre, et l'on avait parlé d'Homère et de Dieu, et il y avait là des convives qui avait dit du bien de l'un et de l'autre. La conversation devient plus sérieuse ; on se répand en admiration sur la révolution qu'avait faite Voltaire, et l'on convient que c'était là le premier titre de sa gloire. « Il a donné le ton à son siècle, et s'est fait lire dans l'antichambre comme dans le salon. » Un des convives nous raconta, en pouffant de rire, que son coiffeur lui avait dit, tout en le poudrant : « Voyez-vous, monsieur, quoique je ne sois qu'un misérable carabin, je n'ai pas plus de religion qu'un autre. » On conclut que la révolution ne tardera pas à se consommer, qu'il faut absolument *que la superstition et le fanatisme fassent place à la philosophie*, et l'on est à calculer la probabilité de l'époque et quels seront ceux de la société qui verront le règne de la raison. Les plus vieux se plaignaient de ne pouvoir s'en flatter ; les jeunes se réjouissaient d'en avoir une espérance très-vraisemblable, et l'on félicitait surtout l'Académie d'avoir préparé le grand œuvre et d'avoir été le chef-lieu, le centre, le mobile de la liberté de penser.

« Un seul des convives n'avait point pris de part à toute la joie de cette conversation, et avait même laissé tomber tout doucement quelques plaisanteries sur notre bel enthousiasme. C'était M. Cazotte, homme aimable et original, mais malheureusement infatué des rêveries des illuminés. Il prend la parole, et, du ton le plus sérieux : « Messieurs, dit-il, soyez satisfaits, vous verrez tous cette *grande et sublime révolution* que vous désirez tant. Vous savez que je suis un peu prophète ; je vous le répète, vous la verrez. » On lui répond par le refrain connu : « *Faut pas être grand sorcier pour ça.* — Soit. Mais peut-être faut-il l'être un peu plus pour ce qui me reste à vous dire. Savez-vous ce qui arrivera de cette *révolution*, ce qui en arrivera pour vous tous tant que vous êtes ici, et ce qui en sera la suite immédiate, l'effet bien prouvé, la conséquence bien reconnue ? — Ah ! voyons, dit Condorcet avec son air et son rire sournois et niais, un philosophe n'est pas fâché de rencontrer un prophète. — Vous, monsieur de Condorcet, vous expirerez sur le pavé d'un cachot ; vous mourrez du poison que vous aurez pris pour vous dérober au bourreau, du poison que *le bonheur* de ce temps-là vous forcera de porter toujours sur vous.»

« Grand étonnement d'abord ; mais on se rappelle que le bon Cazotte est sujet à rêver tout éveillé, et l'on rit de plus belle. « Monsieur Cazotte, le conte que vous nous faites ici n'est pas si plaisant que votre *Diable amoureux*. Mais quel diable vous a mis dans la tête ce *cachot*, ce *poison* et ces *bourreaux* ? Qu'est-ce que tout cela peut avoir de commun avec la *philosophie* et le *règne de la raison* ? — C'est précisément ce que je vous dis ; c'est au nom de la philosophie, de l'humanité et de la liberté ; c'est sous le règne de la raison qu'il vous arrivera de finir ainsi ; et ce sera bien le *règne de la raison*, car alors elle aura des *temples*, et même il n'y aura plus dans toute la France, en ce temps-là, que des *temples de la raison*. — Par ma foi, dit Chamfort avec le sourire du sarcasme, vous ne serez pas un des prêtres de ce temps-là. — Je l'espère, mais vous, monsieur Chamfort, qui en serez un, et très-digne de l'être, vous vous couperez les veines de vingt-deux coups de rasoir, et pourtant vous n'en mourrez que quelque temps après.» On se regarde et on rit encore. « Vous, monsieur Vicq d'Azyr, vous ne vous ouvrirez pas les veines vous-même ; mais, après, vous les ferez ouvrir six fois dans un jour, dans un accès de goutte, pour être plus sûr de votre fait, et vous mourrez dans la nuit. Vous, monsieur de Nicolaï, sur l'échafaud ; vous, monsieur Bailly, sur l'échafaud ; vous, monsieur de Malesherbes, sur l'échafaud.... — Ah ! Dieu soit béni ! dit Roucher ; il paraît que monsieur n'en veut qu'à l'Académie : il vient d'en faire une terrible exécution ; et moi, grâce au Ciel !... — Vous ! vous mourrez aussi sur l'échafaud. — Oh ! c'est une gageure, s'écrie-t-on de toutes parts; il a juré de tout exterminer. — Non, ce n'est pas moi qui l'ai juré. — Mais nous serons donc subjugués par les Turcs et les Tartares ?... — Encore... point du tout; je vous l'ai dit, vous serez alors gouvernés par la seule philosophie, par la seule raison. Ceux qui vous traiteront ainsi seront tous des philosophes, auront à tout moment dans la bouche les mêmes phrases que vous débitez depuis une heure, répéteront toutes vos maximes, citeront, comme vous, les vers de Diderot et de *la Pucelle.* » On se disait à l'oreille : « Vous voyez bien qu'il est fou (car il gardait le plus grand sérieux). — Est-ce que vous ne voyez pas qu'il plaisante ? et vous savez qu'il entre toujours du merveilleux dans ses plaisanteries. — Oui, répondit Chamfort, mais son merveilleux n'est pas gai : il est trop patibulaire. Et quand tout cela arrivera-t-il ? — Six ans ne se passeront pas que tout ce que je vous dis ne soit accompli.

« Voila bien des miracles, — ajoute Laharpe, — (et cette fois c'était moi qui parlais), et vous ne m'y mettez pour rien ? » — Vous y serez pour un miracle tout au moins aussi extraordinaire : Vous serez alors chrétien.

« Grandes exclamations.

« — Ah ! reprit Chamfort, je suis rassuré : Si nous ne devons périr que quand Laharpe sera chrétien, nous sommes immortels.

« — Pour ça, — dit alors la duchesse de Grammont, — nous sommes bien heureuses, nous autres femmes, de n'être pour rien dans les *révolutions.* Quand je dis pour rien, ce n'est pas que nous ne nous en mêlions toujours un peu ; mais il est reçu qu'on ne s'en prend pas à nous, et notre sexe... — Votre sexe, mesdames, ne vous en défendra pas cette fois, et, vous aurez beau ne vous mêler de rien, vous serez traitées tout comme les hommes, sans aucune différence quelconque. — Mais qu'est-ce que vous nous dites donc là, monsieur Cazotte ? C'est la fin du monde que vous nous prêchez. — Je n'en sais rien; mais ce que je sais, c'est que vous, madame la duchesse, vous serez conduite à l'échafaud, vous et beaucoup d'autres dames avec vous, dans la charrette et les mains liées derrière le dos. — Ah! j'espère que, dans ce cas-là, j'aurai du moins un carrosse drapé de noir ? — Non, madame ; de plus grandes dames que vous iront, comme vous, en charrette et les mains liées comme vous. —De plus grandes dames! quoi ! les princesses du sang ? —De plus grandes dames encore... »

Ici un mouvement très-sensible dans toute la compagnie, et la figure du maître se rembrunit. On commençait à trouver que la plaisanterie était forte. Madame de Grammont, pour dissiper le nuage, n'insista pas sur cette dernière réponse et se contenta de dire du ton le plus léger : « *Vous verrez qu'il ne me laissera pas même un confesseur*. — Non, madame, vous n'en n'aurez pas, ni vous ni personne; le dernier supplicié qui en aura un par grâce sera... »

« Il s'arrêta un moment. « Eh bien, quel est donc l'heureux mortel qui aura cette prérogative? — C'est la seule qui lui restera, et ce sera le roi de France. »

« Le maître de la maison se leva brusquement, et tout le monde avec lui. Il alla vers M. Cazotte et lui dit avec un ton pénétré : « Mon cher monsieur Cazotte, c'est assez faire durer cette facétie lugubre ; vous la poussez trop loin, et jusqu'à compromettre la société où vous êtes, et vous-même. » Cazotte ne répondit rien et se disposait à se retirer, quand madame de Grammont, qui voulait toujours éviter le sérieux et ramener la gaîté, s'avança vers lui : « Monsieur le prophète, qui nous dites à tous notre bonne aventure, vous ne dites rien de la vôtre. « Il fut quelque temps en silence et les yeux baissés : « Vous, madame, vous avez lu le siége de Jérusalem, dans Joseph? — Oh! sans doute ; qu'est-ce qui n'a pas lu ça ? Mais faites comme si je ne l'avais pas lu. — Eh bien, madame, pendant ce siége, un homme fit sept jours de suite le tour des remparts, à la vue des assiégeants et des assiégés, criant incessamment d'une voix sinistre et tonnante : « *Malheur à Jérusalem !* » Et le septième jour il cria : « *Malheur à Jérusalem ! malheur à moi-même !* » Et, dans le moment, une pierre énorme, lancée par les machines ennemies, l'atteignit et le mit en pièces. »

« Et après cette réponse, M. Cazotte fit sa révérence et sortit. »

Cette aventure fit du bruit dans le temps, elle émotionna les ruelles et jeta un peu de trouble au milieu de quelques petits soupers. Elle fournit à beaucoup de gens un sujet de raillerie, à certains autres elle donna à réfléchir. Quelques prophéties de même nature achevèrent d'enlever à Cazotte l'espèce d'auréole de gaîté qu'il avait conservée jusque sous ses cheveux blancs.

On ne le rechercha plus pour ses saillies ni pour sa verveuse imagination ; mais en revanche l'allure singulière de ses idées, le tour bizarre de ses prédictions piqua la curiosité des personnes avides d'émotions neuves, et attira autour de lui un cercle, moins aimable peut-être, mais non moins attentif.

Sur ces entrefaites la révolution éclata. Cazotte, qui avait toujours affectionné le roi, ne sut pas dissimuler ses sentiments; il se compromit par une foule de lettres et de démarches beaucoup trop indépendantes pour les temps de liberté qui venaient d'éclore.

On l'arrêta. Sa fille voulut le suivre, partager sa captivité. Enfin le jour du jugement arriva après les longues agonies de l'attente. Le vieillard fut arraché de son cachot et amené devant ses juges... Quels juges!...

L'Egalité, dont c'était le règne alors, n'admettait point que les arrêts eussent deux manières de se produire. La justice était la même pour tous : joignant à sa balance le fameux niveau égalitaire, elle frappait indistinctement, avec ce calme qui fait sa puissance, le coupable et l'innocent. L'égalité, n'eût-elle pas exigé qu'il en fut ainsi, que la sainte fraternité en eût fait un devoir... Il fallait bien que ce bon peuple, adorateur de la Raison, se montrât conséquent avec ses principes et ses devises !.. heureux jours !

Cazotte fut donc conduit devant le tribunal populaire pour entendre sa condamnation. N'eût-elle pas été écrite dans la loi, n'eût-elle pas été imposée par la coutume, que le vieillard eût pu la lire dans les regards de ses juges en carmagnole et en bonnet phrygien.

C'est alors que la noble fille du poète apparut et qu'un miracle s'accomplit. Miracle tellement incroyable qu'il a été consigné dans les annales de l'époque ! La jeune Elisabeth se constitua le défenseur de son père. L'entourant de ses bras, l'œil suppliant, les joues baignées de pleurs, elle entreprit d'arracher à ces tigres étonnés, impatients, la victime dont ils flairaient déjà le sang.

Jamais orateur n'impressionna plus profondément son auditoire. Que dit cette sublime enfant aux individus qui l'environnaient? Quels élans admirables de tendresse puisa-t-elle dans le fond de son âme? De quels accents irrésistibles, pénétrants, frappa-t-elle ces oreilles fermées à la pitié, ces cœurs endurcis par le crime?.. Je l'ignore; car tout ce qu'on a rapporté est trop pâle pour être vrai... toujours est-il que les bourreaux se sentirent désarmés. Ces natures de bronze se fondirent à la flamme de l'émotion et passèrent de la colère aux larmes.

La lutte avait duré deux heures... mais enfin le dévoûment filial venait d'opérer un prodige : on rendit son père à Mlle Cazotte; on fit plus : par un de ces revirements communs dans les révolutions, on s'apitoya sur leur sort, et ceux-là même qui, auparavant, voulaient égorger le vieillard, le portèrent en triomphe, avec sa fille, jusque chez lui.

Mais, hélas! au lieu de profiter de cette victoire pour gagner la frontière, comme on le lui conseillait, Cazotte, avec l'aveugle obstination des vieillards, s'opiniâtra à rester à Pierry. On vint l'y reprendre, et cette fois le miracle ne put se renouveler. Cazotte avait tenté la Providence... la Providence l'abandonna.

Il périt en 1793 sur l'échafaud révolutionnaire.

Sa sainte fille, encore malade des suites de sa victoire, s'était traînée jusqu'au tribunal pour faire un suprême appel à la pitié des juges... Au moment où elle allait parler, ses forces l'avaient trahie....

Quand elle reprit ses sens, tout était accompli.

Elisabeth ne put supporter un tel coup : elle succomba deux ans plus tard entre les bras de son mari qui, en proie à une douleur folle, s'écriait : « O mon Dieu ! une telle femme « ne devait être que prêtée à la terre ! Qui pouvait se croire « digne d'elle ?... »

Cazotte laissa un fils du nom de Scévole, aimable vieillard décédé depuis peu de temps. La maison Cazotte est aujourd'hui occupée par un riche négociant en vins de Champagne.

Au moment où nous le traversions, Pierry était encore en émoi d'un fait qui s'était passé le mois précédent. Ce fait, je vous le donne en mille : persuadé que toute votre science sera impuissante à vous le faire deviner.

La révolution de Février, qu'un homme d'esprit a désignée sous le nom de *révolution des banquets*, fut, comme vous savez, féconde en idées hétérogènes, en inventions excentriques et grotesques. Il y eut, entr'autres drôleries, une grande ébullition féminine à Paris et dans quelques départements avancés, sous le prétexte de je ne sais trop quelle niaiserie qu'on intitula l'émancipation du sexe enchanteur, comme disaient nos vert-galants de pères. Il s'agissait de conquérir des droits politiques, des prépondérances sociales ; on voulait déchirer le Code civil et en rédiger un autre bien supérieur au point de vue des idées nouvelles... que sais-je ?.. Une foule de belles choses dont le besoin se faisait, assurait-on, fortement sentir, devaient être créées dans l'intérêt de la partie sacrifiée de notre humanité. Il n'est pas que vous n'ayez entendu parler de cette révolution du cotillon français ?.. Elle a fait les délices de nos véritables femmes d'esprit qui se trouvent bien assez de privilèges comme cela, puisqu'elles sont, en dépit du code, les véritables reines de ce bas monde et qu'elles le savent bien. Bref, la burlesque prétention des belles mécontentes provoqua, par toute la France, un immense éclat de rire qui retentit encore; elle alimenta pendant un certain temps nos scènes de vaudevilles, nos journaux de caricatures, et raviva la gaîté languissante des salons.

Quoiqu'il en soit, ces dames d'un certain ordre d'idées se réunirent en clubs, en vertu de cet axiòme que *l'union fait la force ;* les clubs enfantèrent des banquets et des réunions bachiques. Vous concevrez aisément qu'il n'était guère possible à de faibles femmes de parler longtemps sans se restaurer un peu. C'était bien assez que le moral souffrît, sans encore soumettre le physique à de nouvelles épreuves. Le veau classique... aux pois, bien entendu, le lapin traditionnel et l'oie sociale furent fêtés.. Puis, comme tout cela nécessite un peu d'arrosement... on arrosa. Quoi de plus facile. On appelait cela graisser les rouages de la machine démocratique. A l'issue de ces festins, et pour ne point perdre un temps précieux, divers orateurs prenaient à la fois la parole et prononçaient des discours de haut goût sur les questions pendantes. Il y eût là des matrones semi-littéraires qui délivrèrent des *speeches* fort lestement tournés. On applaudissait... l'émotion gagnait de proche en proche, le pousse-café aidant, et Dieu sait les torrents de larmes qui coulèrent!.. Ce qui surtout enlevait les suffrages unanimes, c'étaient les développements sur l'affranchissement tant désiré des *belles...* sans acception de patrie ni de couleur.

Oh! si les révolutions ouvrent souvent la porte aux violences et aux crimes, elles ont cela de bon qu'elles l'ouvrent également aux ridicules. C'est là un des précieux avantages qu'on ne saurait leur contester. Il est des heures de calme, d'indolence pendant lesquelles la verve semble s'éteindre chez un peuple, faute d'aliment, et cet aliment, les commotions politiques ne manquent jamais de le lui fournir en abondance. C'est là le côté drôle de la chose.

Une fois que ces dames eurent pris langue, ce fut un torrent. Leurs galas se multiplièrent; ils eurent du retentissement; ils excitèrent l'imagination et l'appétit des femmes fortes, mais souffrantes, de la province. Pierry même eut son banquet réformateur à l'instar de ceux de la salle Martel et de la barrière du Maine. On affirme que c'est à une jeune muse de ce champêtre endroit qu'on dût l'inscription placée sur la porte du hangar où se tenait la réunion : *Entrée de l'instar.*

Tout n'est-il pas croyable dans ces temps de débauche des sociétés et d'aberrations générales ?..

On vit s'asseoir à la table, des beautés de tous les âges et de tous les sexes, qui venaient formuler leurs vœux en faveur de la régénération de la plus belle moitié du genre humain.

J'extrais, d'un compte-rendu fort spirituel de ce gala, publié par le *Journal d'Epernay*, le passage suivant :

« Le banquet, du reste, fut gai, joyeux ; on mangea, on rit, etc. On porta des toasts ainsi répartis :

« La présidente (80 ans) : *Aux laitières qui ne baptisent point leur lait.*

« Une autre dame (40 ans) : *A l'émancipation des femmes !*

« Une troisième dame (25 ans) : *Au divorce !*

« Et enfin une toute jeune vierge de 18 ans, aux yeux bleus, aux cheveux blonds, se leva, et porta ce toast d'une voix douce et tendre : *Aux maris fidèles !*

« Ce toast électrisa toute la salle. On fêta, on embrassa la jeune fille. On lui en promit un, dût-on le faire exprès.

« Après le banquet, on courut au bal ; les dames remplissaient le rôle de cavaliers, et les hommes, mollement assis sur des banquettes, attendaient qu'un doux regard ou une tendre invitation les engageât à danser.

« La chronique dit que bien des femmes firent faire tapisserie à leurs maris ; — cette nouvelle mérite confirmation. »

Des renseignements particuliers, émanant d'une source digne de foi, me permettent d'ajouter qu'une quatrième dame, de l'âge où d'ordinaire on se fait philanthrope, a proposé un toast ainsi conçu : — *A nos sœurs les négresses !* qui fut accueilli avec des trépignements. N'en faut-il pas inférer que l'oncle Tom était pressenti par ces âmes sensibles ?..

Puis, une autre dame (pas d'âge déterminé), qui représentait sans doute l'élément littéraire de l'endroit, a bu : *A M. Charles-Paul de Kock !*

Redoublement d'enthousiasme... On pleura d'attendrissement. On s'embrassa. Plusieurs membres de ce sexe enchanteur, vaincus par tant d'émotions, se laissèrent tomber sous les tables... à l'Anglaise...

L'Evangile l'a dit : l'esprit est fort, la chair est faible... Et d'ailleurs n'est-ce point l'occasion d'appliquer le vers de Shakespeare :

« O fragilitey thy name is woman ! »

C'est ainsi que Vésuviennes, St-Simoniennes, Fouriéristes, eurent leurs beaux jours, suivis, dit-on, de nuits plus belles encore, même à Pierry, qui fit preuve en cette circonstance d'une noble tendance à suivre les progrès du siècle.

Comme nous avancions, cahotés, bousculés, on voyait encore sur les portes quelques groupes de beautés qu'illuminaient les lueurs expirantes de la fête des jours précédents. Elles discouraient avec feu sur les théories nouvelles, et ne s'arrêtaient un moment que pour nous lancer des œillades, où se lisaient leurs sentiments éminemment humanitaires.

Nous passâmes..................................

Pierry, avec sa route âpre, avec sa double haie de villas pleines d'ombre et de fraîcheur, où gazouillait un peuple d'oiseaux, nous était apparu comme une image du chemin de la vie, si pénible au voyageur, et cependant bordé des fleurs de l'espérance.

Je saluai le village par ces vers pour lesquels je réclame votre indulgence; car ils ont tous les défauts des vers de circonstance, surtout lorsqu'ils sont improvisés en voiture...

Pierry, tes maisons sont charmantes,
Tes jardins tout remplis de vapeurs odorantes,
Mais que différemment nous fûmes éprouvés
Par les traits de tes habitantes
Et les pointes de tes pavés !..

Notre coursier avait pris le grand trot. Les arbres du chemin semblaient courir de chaque côté de nous comme de maigres géants qui se poursuivent; on eût dit qu'ils étaient empressés d'arriver au village que nous venions de laisser derrière nous.

Je me retournai pour y jeter un coup-d'œil : il était loin déjà.

Poursuivant alors ma pensée, je dis à mes compagnons :

— Ce village que tout-à-l'heure, nous comparions au chemin de la vie, nous l'avons quitté... chaque tour de roue nous en éloigne encore... Ainsi tout passe !.. maintenant nous sommes dans une région meilleure, sur un sol plus doux, dans un air plus pur, loin des agitations humaines. Ce qui était le désir, ce qui nous apparaissait comme l'espoir est devenu la réalité. N'en sera-t-il pas ainsi des rêves que nous formons ici-bas ?.. Ne doivent-ils pas se réaliser ailleurs, c'est-à-dire un peu plus loin, dans ce monde inconnu vers lequel une invincible et inexplicable attraction attire nos âmes ?...

— C'est possible !... c'est même croyable ! dit une partie de mes compagnons.

— Pour moi ce n'est pas un doute... je le crois ! — dit à son tour Marguerite ; — cette pensée doit être vraie, car elle est chrétienne.

— Ainsi-soit-il donc ! — ajouta sentencieusement notre ami Victor Fiévet.

Et nous continuâmes à rouler.

V.

J'ai dit en commençant, mon cher Anatole, que notre excursion se trouvait avoir lieu un dimanche. Cette circonstance ne contribuait pas peu à égayer les campagnes que nous traversions. Personne à l'ouvrage ; les vignes apparaissaient veuves de leurs travailleurs. Le repos était dans l'air, on l'y sentait ; il y avait des vibrations dans l'espace, qui n'appartiennent qu'aux jours de fêtes... Dans le lointain, retentissait le cri de quelque coq, l'aboiement de quelque chien, les coassements discordants des grenouilles blotties dans les hautes herbes des ruisseaux et des mares ; puis, dominant tous ces bruits vagues, que le silence permettait seul de percevoir, s'élevait grave, calme, profonde la voix lointaine des cloches appelant les fidèles au temple. Ces tintements avaient quelque chose de doux, de mélancolique et en même temps de rassurant à l'âme qu'ils prédisposaient à la rêverie. Qui ne s'est senti ému et pénétré par les sons lents et cadencés des cloches dans la campagne tranquille et s'épanouissant sous les feux d'une magnifique journée?..

Le chemin que nous suivions était émaillé d'une grande quantité de villageois. C'étaient les habitants des hameaux et des bourgs avoisinants qui, répondant à l'appel des cloches, se rendaient à l'office divin, soit à Pierry, soit à Vinay, soit à Chavot ou dans toute autre endroit pourvu d'une église.

Bien que le temps fût irréprochable, paysans et paysannes cheminaient chargés du vaste parapluie rose, bleu ou vert tendre, qui semble un complément obligé de la toilette de ces braves gens. En l'honneur du jour consacré au repos et à la prière, les femmes avaient tiré de l'armoire de famille, les jupes rouges, les fichus roses, les camisoles historiées, les bonnets fraîchement plissés et les tabliers de soie noire, qui témoignent dans nos campagnes d'un luxe prodigieux. De leur côté, les hommes avaient endossé la veste carrée en drap gris; quelques uns même avaient risqué la redingote longue à manches gigottées, au collet gigantesque; les uns, —c'étaient les modernes, les novateurs, —s'étaient somptueusement parés du fameux pantalon de nankin; tandis que les anciens, plus fidèles à la tradition, chaussaient leurs plus beaux bas chinés, à la base desquels reluisaient les boucles d'argent des escarpins de forte taille. Je ne parle point des chapeaux : ils étaient indescriptibles.

C'était un réel plaisir pour nous d'examiner ces bons paysans qui, ne se sentant pas d'aise, se carraient dans leur resplendissante parure du dimanche. Il fallait voir comme ils se sentaient fiers, grandis, enchantés sous cet accoutrement un peu suranné. Ce que c'est pourtant que l'influence de la toilette sur le moral !... Et dire que, parmi les gens de leur condition, ces dignes villageois trouvaient probablement des envieux et des jaloux : tant il est vrai que le luxe est chez les hommes une cause du développement des mauvaises passions. Tout est relatif en ce monde !

A notre droite, la colline continuait de s'étendre avec ses touffes épaisses et non interrompues de bois. Sur les flancs de cette colline, les belles vignes symétriquement rangées. Çà et là quelques cabanes de vignerons, quelques huttes de gardiens.

A gauche s'étendait la campagne avec des vignes encore, des vignes toujours. Peu à peu la route devint encaissée par l'effet des inégalités du terrain. De temps à autre reparaissaient les haies vives d'églantiers avec leurs fleurs pâles. Il pouvait être neuf heures ; le soleil montait rapidement au zénith, et sa chaleur commençait à nous sembler un peu lourde, bien qu'une brise légère continuât de souffler.

A une montée, notre ami Victor, toujours gai, toujours réjoui, et qui d'ailleurs s'ennuyait de son inactivité, voulut descendre pour fumer un cigarre.

— J'ai besoin d'agir, — disait-il, — si je veux rester mince. Puis il épanchait son intarissable bonne humeur en une foule de saillies comiques et d'amusants calembourgs.

— Messieurs et madame, — nous dit-il tout-à-coup d'un air doctoral, — pourriez-vous répondre à cette simple question : Quel est l'arbre qui ne croît pas ?..

Nous restions tout ahuris, nous creusant inutilement la tête.

— Comprends pas !

— Qu'est-ce que çà veut dire ?

— Est ce un bon mot ?

— Est-ce une énigme ?

— Ah ! oui, comme dans le *Journal d'Epernay !..*

— Devinez ! répond Victor d'un ton de plus en plus supérieur.

Et nous, bénévolement, de chercher.

— Nous renonçons, — dit M. Perribère.

— J'avoue que je ne trouve point le mot .. Il me semble que le seul arbre qui ne croisse plus c'est l'arbre mort.

— Eh ! bien non, ô amis peu perspicaces, l'arbre qui ne *croît* pas n'est pas un arbre maure, c'est un arbre chinois... ah !.. et savez-vous son nom ?

— Non. .

— L'arbre *à thé.*

— *A thé... Athée !* oh joli ! — dit M. Schivre qui doutait encore, tant le calembourg était profond et raisonné.

— J'espère que vous ne me demanderez plus si c'est un bon mot... Il porte en soi sa qualification...

— Dites son éloge.

Victor rayonnait de son triomphe. Tandis que recueilli, les mains dans ses poches, il en méditait un autre, la conversation entre MM. Schivre, Perribère, Marguerite et moi, tomba sur les voyages.

— J'ai peu voyagé, — disait le poète gascon, — et je brûle du désir de prendre mon vol pour courir un peu les champs de la réalité. L'esprit se rouille à ne voir d'autres lieux qu'à travers le voile des rêves... Il faut qu'un homme examine, juge, apprécie par lui-même tout ce qu'on lui rapporte sur les mœurs, les idées, les usages des autres contrées... On se lasse de n'admirer que par les yeux des autres et par ceux de l'imagination. La stagnation est dangereuse, surtout au sein d'une petite ville...

— Bast ! Parce que vous manquez d'activité physique, l'ennui vous gagne, mon cher; — repartit l'ingénieur, — Voyez-moi... je n'ai jamais le temps de penser à courir le monde, et malgré cela, ou plutôt à cause de cela, mon esprit ne se rouille point. Donnez un peu moins à l'indolence et à la rêverie, et vous verrez combien ces idées changeront : le travail est un excellent dérivatif... je vous le recommande...

— Les voyages, — interrompit Marguerite, — sont un besoin de presque toutes les âmes jeunes et inoccupées. Chaque être a une aspiration vers la vie aventureuse qu'ils promettent souvent et que rarement ils procurent. Combien de déceptions pour un peu d'admiration... Admiration prévue, au surplus, tandis que les déceptions ne le sont pas... Comme M. Perribère je les ai désirés, et déjà me voici lasse de mouvement... Cette agitation, ce changement continuel de lieux, d'aspects, de personnes, trouble et fatigue l'esprit sans rien donner au cœur qu'il laisse vide. S'il y a un moment d'étonnement, il est court; et, après quelques courses, cette vie de juif errant vous ramène à l'idée du repos, au besoin de la patrie... Allez, monsieur, il n'y a rien que le néant au fond de cet inconnu, par lequel on s'est d'abord laissé séduire... Demandez à mon mari : ses idées au sujet des voyages se sont beaucoup modifiées aussi...

—Il est vrai, —dis-je, —comme vous, monsieur, j'ai désiré connaître d'autres cieux, visiter d'autres climats. Un beau jour mon vœu s'est réalisé : Cette vie voyageuse, un des aliments de mes rêves, je l'ai eue. Envoyé en Toscane avec un titre officiel, j'ai vu se dérouler sous mes yeux les péripéties de la révolution italienne, révolution née d'un élan, tuée par l'ambition des uns et par l'indifférence ou les excès des autres. Feu de paille allumé par un rayon de soleil, aussitôt consumé qu'embrasé, et qui se dispersa en étincelles à tous les vents.

Plus tard, en Hollande, j'ai apprécié le caractère mieux assis, les qualités plus sérieuses d'un peuple aussi sage qu'actif; d'un peuple enfin qui eut de grands jours, de grands hommes, de grands princes, et qui n'a plus qu'un grand commerce et une inaltérable honnêteté. Tout passe, tout s'anéantit... En vieillissant, les générations semblent s'appauvrir !...

Que vous dirai-je encore, monsieur?.. Depuis deux ans, j'ai déployé ma tente aux rives de la Mersey, dans cette brumeuse et triste Angleterre, si vaine de ses libertés politiques, qu'elle oublie que les préjugés qui pèsent sur elle, en font, pour la nature morale, un pays d'esclavage, de sujétion et d'ennui.

Dans ces diverses contrées je n'ai point trouvé le bonheur que je croyais pressentir. Cette soif d'inconnu, cette inquiète curiosité qui obsédaient mon imagination, les voilà déjà satisfaites. Certes, l'effet n'a point répondu à l'attente. En apprenant à connaître, j'ai appris à regretter ; car ce qu'on a devant soi vaut rarement ce qu'on laisse derrière ; hélas ! messieurs, n'en est-il pas ainsi de tous les biens d'ici-bas ?

N'est-ce point alors qu'on ne les possède plus, qu'on commence à les estimer à leur juste valeur.

— Que regrettez-vous donc? — demanda M. Perribère, étonné de ce langage.

— Le repos que j'ai quitté ; la patrie, loin de laquelle de nouveaux devoirs vont nous exiler encore.

— Oui, — dit Marguerite avec un soupir — et ce regret est le mien aussi... Dieu sait s'il est profond!..

— Oh! voyez-vous, — ajoutai-je, — vous avez un nid, ne l'abandonnez pas... Pour l'homme de pensée et de mœurs douces, le bien réel ne peut se rencontrer que dans le centre intelligent vers lequel tendent tous les esprits, dans cette vie à la fois active et émotionnée, tranquille et bruyante de Paris. Là, du moins, le contact journalier avec les esprits d'élite répand sur vous un reflet vivifiant qui vous illumine et vous réchauffe; là, enfin, sous le ciel parfois sombre, mais toujours souriant de la patrie, au sein de l'aimable intimité d'êtres distingués qu'une heureuse similitude de goûts, une charmante affinité de sentiments vous rendent plus chers, là, dis-je, l'âme trouve un ressort et un aliment qu'elle chercherait vainement ailleurs.

— Conclusion et morale : ne voyagez pas! —dit V. Fiévet d'un ton sententieux,— achetez des rentes sur le grand-livre, des chevaux, une voiture, un hôtel et dorlotez-vous dans les douceurs de la vie parisienne. Surtout donnez des dîners à une foule de dévorants, cajolez les artistes, choyez les gens de lettres, et tous ces messieurs ne dédaigneront pas de devenir les amis de... votre maison et de votre épouse, si vous avez le bonheur d'être engagé dans les liens plus ou moins fleuris de l'hyménée.

— N'écoutez pas ce folâtre esprit, quelque bon sens profond qu'il y ait souvent sous les plaisanteries qu'il débite, — ajoutai-je; — mais croyez-moi... A moins qu'il ne vous plaise d'imiter ce philosophe de je ne sais plus quel pays qui soumettait volontairement son corps à de rudes souffrances, afin de mieux apprécier ensuite la jouissance de ne pas souffrir. Pauvre fou ! comme si l'auteur de toutes choses n'avait point eu cette pensée avant lui, puisqu'en créant l'homme il a soumis sa destinée à des douleurs de toutes sortes qui donnent une suavité plus grande, plus excessive aux courts instants de félicité qui traversent sa vie, semblables à ces rayons de soleil qu'on voit luire à de rares intervalles au milieu des nuages d'un ciel orageux.

— Cette phrase là est triste comme le décor d'un cinquième acte de mélodrame, — murmura Victor.

En conversant ainsi, nous avions laissé à notre droite Moussy, petit village qui n'offre de remarquable qu'une propriété appelée les Connardins. Sur l'emplacement où s'élève cette propriété, il existait autrefois un château-fort dont il ne reste d'autres traces que les fossés. Le dernier seigneur de Moussy fut un sieur de Failly qui émigra en 1792, et termina sa carrière à Liège. Après son émigration, on considéra le château comme propriété nationale, et il servit à renfermer des prisonniers prussiens, en 1794.

Nous nous arrêtâmes un moment pour examiner, à notre gauche, une éminence de terrain désignée sous le nom de Mont-Saint-Félix. Nous crûmes même devoir risquer l'ascension de cette butte qui semble placée là comme une borne où sont inscrits des souvenirs intéressants de l'histoire de la Champagne. Au milieu des herbes et des sinuosités du sol, nous découvrîmes les fondations d'un ancien château-fort, construit vers l'an 940, dans le but, affirment les savants, de soutenir la cause de Hugues, compétiteur d'Artauld au siège archiépiscopal de Reims. Cet Hugues, qu'on avait élevé à la dignité d'archevêque à l'âge de cinq ans, fut déposé, grâce au concours actif que prêta aux partisans d'Artauld, le fameux Gibouin Ier, surnommé *le Bon*, évêque de Châlons. Mais comme il n'est pas souvent impunément permis aux hommes de sens et de raison de soutenir une juste cause, le ressentiment qu'éprouva, de cette intervention, Robert, comte de Vermandois, père de Hugues, le poussa à assiéger Gibouin dans son évêché. Puis, comme lorsque l'on fait du mal, on n'en saurait trop faire, non content de réduire son ennemi, de le traquer, ce même Robert brûla Châlons et sa grosse tour, et remplit cette malheureuse cité d'épouvante. Le pasteur l'avait offensé, il frappait le troupeau. Quand l'homme, s'abandonnant à ses mauvais instincts, empiète sur le domaine de la brute, il va plus loin qu'elle; car il fait servir son intelligence aux raffinements de sa cruauté ! Il fallut des années de persévérance et de dévoûment pour réparer les désastres causés par la fureur de Robert. En cette occasion, de même qu'en beaucoup d'autres, ce furent les malheureuses populations qui eurent le plus à souffrir des querelles de leurs maîtres; querelles dont elles ne pouvaient tirer nul avantage, puisque sous un évêque comme sous l'autre, les corvées, les dîmes, et tout le cortège des droits féodaux avaient leur cours normal. Dans de pareils conflits les vassaux avaient la chance de voir leur chaîne appesantie; mais jamais allégée. Je sais bien qu'en cette circonstance Gibouin, s'unissant aux partisans d'Artauld, soutenait la cause de la raison, de l'équité; je sais bien qu'on l'avait surnommé *le Bon* ; mais aussi soyons bien persuadés d'une chose : lorsqu'en parcourant l'histoire du passé nous y voyons l'épithète *de bon*, *de juste* accolée au nom d'un prince, ceci ne signifie pas absolument que ce prince fut juste dans toute l'acception du mot, ni qu'il se montra d'une entière bonté... Non !... mais seulement qu'il fut moins inique et moins cruel que les autres ; que s'il eut des jours mauvais, il en eut de meilleurs qui les rachetèrent aux yeux de ses sujets. Pour bien se convaincre de cette vérité, il suffit d'ouvrir et d'étudier attentivement les annales des nations. Il peut y avoir des exceptions à la règle que je signale, il est même probable qu'il y en a ; par malheur elles sont excessivement rares, et ne servent qu'à confirmer mon raisonnement.

En 1379 on fonda le prieuré du Mont-Saint-Félix, au-dessus de l'emplacement du château-fort. Il rapportait huit cents livres tournois par année aux religieux qui l'habitaient, et relevait de la juridiction de l'évêque de Soissons. La révolution de 89, qui supprima les couvents, chassa les hôtes de ce prieuré. Aujourd'hui l'église sert de paroisse aux villages de Moussy et de Chavot. Nous la visitâmes. Elle n'a rien qui mérite la peine d'être cité. C'est un véritable temple chrétien par sa simplicité. Sa nudité est sa plus belle parure. Pour ma part, je préfère cent fois ces modestes églises de village, calmes, nues, sonores, aux temples dorés de nos villes. Elles me rappellent les premiers âges du christianisme, tandis que ces derniers n'éveillent dans mon âme qu'un souvenir des splendeurs païennes. Au milieu du chœur de cette petite église a été inhumé, le 3 avril 814, l'abbé Garnesson, un fort digne prêtre, dit-on, mais un très-médiocre écrivain, s'il est permis d'en juger par son *Histoire de la ville d'Epernay*.

Au-delà du Mont-Saint-Félix, nous aperçûmes la commune de Chavot, dont l'aspect n'exerça sur notre curiosité aucune espèce d'attraction.

Nous revînmes à notre voiture.

Victor ruminait quelques doubles mots: toutefois il ne paraissait pas en verve : les choses plaisantes ont cela de commun d'ailleurs avec beaucoup d'autres, que plus on les cherche et moins on les trouve.

— Vous êtes presque pensif, mon cher Victor, lui dit en riant M. Sehivre. Est-ce que vous vous creusez encore le cerveau à combiner quelque calembourg.

— Oui, je me le creuse... oui, et pourquoi pas?...

— Eh! parce qu'il me semble que cela n'en vaut guère la peine.

Victor éprouvait en ce moment le dépit d'un poète qui cherche une rime et que l'on trouble dans cette grave occupation, aussi répartit-il brusquement :

— Vous êtes un être mathématique et positif au plus haut degré. Vous jugez les idées à votre point de vue spécial ; vous mesurez tout avec le compas et l'équerre; vivant au milieu des machines, vous ne comprenez pas l'homme.

— Mais au contraire; raison de plus.

— Aussi dès qu'il s'agit de formuler un jugement vous faites comme vos locomotives, vous suivez le rail commun et vous vous abandonnez à la pente des préjugés vulgaires.

— Voilà une belle phrase.

— Vous qui, à part ce travers, êtes un homme de mérite,

vous vous étayez de l'opinion rococote de je ne sais plus quel écrivain qui a dit un jour bêtement pour se faire rire :

« Le calembourg est l'esprit des sots. »

Soit ! mais malgré cela trouvez-moi un homme d'esprit qui n'en ait pas de fort bêtes à se reprocher. C'est un défaut, direz-vous? je le sais, mais qui est d'autant plus répandu que notre pauvre langue s'y prête.

— Eh ! eh ! pas encore trop, à ce qu'il paraît ! interrompit M. Perribère, qui s'amusait comme nous de la véhémence de notre ami Victor défendant une mauvaise cause.

— J'accepte l'épigramme... Elle prouve, non pas que vous avez raison, mais seulement que j'ai tort. Vous qui riez si fort, Perribère, non content de m'attaquer, osez affirmer que vous n'avez jamais fait de calembourg... osez-le !...

— Je m'en garderais bien. Cependant je cherche à me guérir de ce vilain travers. Le bon mot seul est de bonne compagnie et de bon goût ; seul il a partout ses grandes entrées. Le calembourg, lui, est réputé de mauvais aloi et doit rester à la porte de tout salon bien tenu. Il est l'hôte de l'antichambre, de l'estaminet, de l'atelier et quelquefois aussi de la campagne. C'est à ce dernier titre que nous vous pardonnons ceux que tout-à-l'heure vous avez commis avec une préméditation suffisamment démontrée. Les champs ont leurs privilèges : on y peut faire des doubles mots, par les mêmes raisons qu'il est permis de s'y promener en veste de coutil, en casquette et en pantoufles.

— Assurément... quand il fait beau ! grommela Victor peu satisfait de la péroraison de son ami Perribère.

— Il est bien entendu que la campagne n'est point la

campagne quand le temps est mauvais. C'est un mythe, une impossibilité dont je ne parle pas.

— Il y a beaucoup de choses comme cela en ce monde : il ne peut être avéré qu'elles existent que dans certaines conditions ; il n'est question d'elles que sous certains points de vue... hors de là, néant !... ajouta M. Schivre.

—Effectivement, — dit Marguerite, — qu'est-ce qu'il y a de beau dans ces plaines qui nous environnent ? Qui prête un charme infini à ces collines, à ces bois, à ces vallées ? C'est le chant des oiseaux, ce sont les troupeaux épars, ce sont les fontaines, les sources limpides, les frémissements de la brise, le bourdonnement des insectes ; c'est enfin cette joie, ce bruissement de la création qu'on ne peut qu'à peine entendre, mais que l'on sent. Et, par-dessus tout, c'est le ciel radieux, le soleil qui resplendit, qui anime, qui dore, qui fait jaillir la vie du sol même où elle est cachée. Jetez maintenant un voile là-dessus : qu'un nuage passe, qu'il crève... Tout change, tout se métamorphose soudain. Plus de chants d'oiseaux, plus de bourdonnements d'insectes, plus de murmures, plus de frôlements mystérieux sous les feuilles. Les fontaines se troublent ; le cristal des sources devient fange ; la lumière est terne ; les troupeaux, ces ornements obligés du paysage, cessent de paître, ils rentrent dans l'étable protectrice. Là où palpitait la vie, le silence règne ; on n'entend plus qu'un bruit : le clapotement monotone de l'eau qui tombe sur les feuilles. Les fleurs elles-mêmes, ces amantes du soleil, replient tristement leurs têtes et attendent, dans l'attitude de la résignation, un prochain rayon de lumière pour livrer de nouveau à l'air les parfums qu'elles concentrent dans leurs corolles. Je ne parle pas ici des autres conséquences du mauvais temps sur la campagne, des ruisseaux débordant, des plaines submergées, des routes rendues impraticables.

— Certainement, — dit notre poète méridional, — ce sont-là de ces inconvénients qu'il est juste de rappeler.

— Et dont une partie se rencontre dans les villes, — insista Victor.

— Qui le conteste ?... mais avec des compensations. Eh ! mon cher Victor, la mauvaise humeur où vous met la difficulté de saisir les bons mots que vous chassez, vous rend depuis quelques instants retors et tracassier comme un Normand.

Fiévet partit d'un franc éclat de rire :

— Ma parole ! — s'écria-t-il, — je crois que vous dites vrai. Je mérite un tel reproche. La recherche de l'esprit nuit à ma gaîté naturelle. Au diable ! je ne me fatigue plus... Quand cela voudra, cela viendra... tra deri dera !... le poète a furieusement raison :

« L'esprit qu'on veut avoir gâte l'esprit qu'on a. »

Voyez, comme je chasse les nuages de la méditation, et comme je deviens folâtre et abandonné...

Il se mit à danser follement vis-à-vis de notre monture qui, ne sachant trop que penser de cet accès de son conducteur, s'arrêta court en hennissant. Pendant ce temps, nous qui avions repris nos places dans le véhicule, nous nous abandonnions à un fou rire.

— Bravo ! — dit M. Schivre, — voilà qui est parler.

— Et agir donc ! — riposta Victor.

— Nous votons une couronne à notre ami, — continua M. Perribère, — en faveur de son acte de contrition.

— C'est cela.

— Une couronne de quoi ?

— De bluets, — dit Marguerite, — et c'est moi qui vais la faire.

Elle sauta en bas de la voiture ; nous la suivîmes. En un instant nous eûmes cueilli sur les bords de la route des bluets et des coquelicots en quantité suffisante pour tresser la couronne promise.

Elle fut solennellement posée sur le front de Victor au milieu des rires et des plaisanteries provoquées par la bonne et intelligente figure de ce gros compagnon. C'est qu'en effet rien n'était amusant comme de voir ce visage où pétillait la malice, où rayonnait la jovialité, s'épanouissant avec une gravité comique sous le double rang des fleurs champêtres.

— N'ai-je pas l'air d'un de ces amours bouffis préconisés par le pinceau de Boucher ? — disait Victor. — Je veux toujours rester ainsi : véritable emblême de la beauté couronnée par la main des Grâces... Quel tableau !

Notre hilarité redoubla.

Sans doute, mon cher Anatole, vous l'homme grave, l'austère fonctionnaire, en lisant froidement au coin du feu ces souvenirs d'un jour de folie, vous ne vous expliquerez guère qu'une action aussi simple que celle de couronner de fleurs un bon gros ami put provoquer en nous une aussi complète expansion de gaîté. Vous allez hausser les épaules et nous traiter d'écervelés, malgré nos airs raisonneurs, et trouver que nous avons passablement l'allure d'écoliers échappés de la classe. Hé! je conçois cela ; peut-être à votre place me sentirais-je entraîné à juger de même : je me dirais, qu'en admettant que la plaisanterie fut amusante, il n'y avait point là, toutefois, matière à se pâmer.

Mais, vous le savez, le rire se constate, il ne s'explique pas. Il tient à une prédisposition nerveuse de notre système ; c'est comme un chatouillement de certaines fibres que l'état dans lequel nous nous trouvons, où la vue d'objets extérieurs, rend plus ou moins sensibles. Pour que le rire éclate et exerce sa magnétique influence sur les esprits les plus sérieux, il ne faut souvent qu'un mot, qu'un geste, qu'une pose, un rien... Les moindres causes produisent les plus grands effets. On voit parfois un concours de riens produire un évènement considérable : de même du rire. Des mouvements imprévus, de singulières expressions de physionomie, certains mots prononcés d'une façon particulière provoqueront une explosion qui se communiquera avec la rapidité de la poudre. Si vous voulez analyser, traduire ces causes insaisissables, elles vous échappent infailliblement. C'est pourquoi je n'essaierai point de le faire. Je vous dirai seulement : « Considérez que nos dispositions étaient douces, heureuses, gaies même, un peu tournées vers l'expansion ; rappelez-vous que le temps était magnifique, que la nature souriait enfin, et vous vous étonnerez moins de l'expression bruyante et soudaine de notre contentement.

C'est dans ces dispositions tout heureuses que nous arrivâmes au village de Vinay, à droite de la route qui, à cet endroit, va en se bifurquant. Vinay n'avait rien qui sollicitât notre curiosité : nous n'y fîmes point de halte. D'ailleurs l'appétit s'éveillait en nous de plus en plus vif, et nous avions hâte d'arriver à Saint-Martin, où le déjeuner nous attendait chez le beau-père de Victor. Ce déjeuné nous apparaissait, par l'imagination, avec des fumets qui faisaient oublier un peu les parfums champêtres si remplis de charmes pour nous une heure auparavant. L'homme est oublieux... Rien, au surplus, ne nuit à la poésie de l'âme comme les intraitables exigeances de la matière... Et puis l'air vif du matin a une action tellement aiguisante sur l'estomac !...

Comme nous nous éloigniions de Vinay, laissant à notre gauche la route de Brugny, Victor Fiévet nous fit sommairement l'historique de ce village.

Avant la révolution de 1789, les membres de la famille Parchappe en étaient les seigneurs. Cette famille, de vieille origine, fut anoblie par Henri IV. On sait que le monarque Béarnais se connaissait en hommes ; aussi ceux qu'il jugeait dignes de chausser l'éperon, pouvaient-ils être fiers à juste titre. Le dernier seigneur de Vinay a été le chevalier Nicolas-François Parchappe, capitaine de dragons. Le rejeton mâle de cette famille d'épée, est aujourd'hui M. le général Parchappe, député de la Marne, brave soldat, très-populaire dans cette partie de la Champagne qui a appris à connaître ses rares mérites et ses brillantes qualités.

La voiture roulait rapidement ; les paroles de notre ami nous arrivaient avec difficulté.

— Halte-là ! — dit tout-à-coup Victor Fiévet en arrêtant la voiture.

— Qu'y a-t-il encore ?

— Vous allez être enchantés. Vous devez descendre ici :

puis nous gravirons la côte que vous apercevez à notre droite.

— Impossible, il fait trop chaud.

— Nous avons trop faim.

— Il est trop tard.

— Avançons.

C'étaient nous quatre qui faisions cette protestation à l'encontre du projet de Victor de monter une côte avec l'appétit féroce qui nous travaillait et un soleil ardent comme celui dont nous jouissions.

— Je répète qu'il faut descendre.

— Pourquoi faire ?

— Pour monter la côte.

Nouvelles récriminations plus vives que les premières.

— Non... non... ne bougeons pas...

— C'est de la violence.

— C'est de la barbarie.

— C'est du despotisme.

— Voilà l'homme : il n'est rien, vous le voyez doux, amusant, aimable ; on le couronne, il devient oppresseur et tyran.

— Bien dit !

— C'est vrai !

— Révoltons-nous !

— Peuple affamé n'a pas d'oreilles !

— Fi ! oh ! fi ! mauvaise humanité ! j'en ai honte ! — dit Victor d'un air tragique en se drapant dans son paletot de mérinos, — c'est bien là l'histoire de tous les peuples. Ils n'obéissent qu'à leurs instincts aveugles... Ils accusent d'abord celui qui les gouverne sans prendre la peine de peser ses idées; sans songer à approfondir les motifs secrets qui dirigent ses actions... Ce qu'ils ne comprennent pas leur paraît coupable; ce qu'ils ignorent, ils en font des crimes. Ah ! peuples, si vous réfléchissiez avant de dire le mot fatal que je viens d'entendre : « *Révoltons-nous* ! » vous sauriez que le plus souvent ce qu'on réclame de vous est pour vous-mêmes, et vous béniriez ceux que vous détrônez, ingrats !... Osez me démentir ?

Silence de notre part ; nous sentions tout ce qu'avait de vrai cette déduction.

—Quoi ! —reprit Victor, fier de son triomphe, —parce vous m'avez appelé à trôner sur ce siège de voiture ; qu'au lieu des rênes de l'Etat, vous m'avez confié celles du cheval ; qu'en guise de sceptre vous m'avez offert ce modeste fouet ; parce que ma couronne a été simulée par ce rond de bluets dont je sens déjà le poids, vous m'accusez... c'est mal !... Il me semble pourtant que j'ai bien mené jusqu'à présent le char de nos plaisirs ?...

La manière semi-sérieuse avec laquelle Victor débitait ces plaisants reproches nous prêta de nouveau à rire.

— Mais alors, ô Seigneur ! expliquez-nous vos desseins secrets.

— C'est juste. Pourquoi tenez-vous à nous faire monter ?

— Pour votre bien.

— Pourquoi nous affamer ?

— Pour votre bonheur.

— Pourquoi tenter de nous faire rôtir ?

— Parce je vous aime, et que....

— Hum ! hum !...

Victor ne se laissa point intimider par nos grondements dubitatifs ; il poursuivit :

— Et que je songe plus à vos intelligences qu'à vos corps. C'est du pain de l'esprit dont je veux vous nourrir.

— C'est bien léger, Seigneur !...

— Là, en haut de ce petit monticule, derrière ce frais bouquet d'arbres, s'élève un vieux monument taillé par les mains de la nature. Ce monument, je voulais vous le faire connaître ; il en vaut bien la peine ; et, en même temps, j'avais l'intention de vous conter sa légende.

— C'est autre chose... il fallait le dire... Marchons !...

— Eh bien ! qui m'aime me suive ! esprits aussi vacillants que les flots, aussi mobiles qu'enthousiastes, ralliez-vous à mon chapeau blanc : vous le trouverez toujours sur le chemin de la pierre Saint-Mamert.

Nous descendîmes avec empressement. Victor offrit son bras à Marguerite et ouvrit la marche.

Nous suivîmes.

VI.

De fait, la montée n'avait rien de rude ni d'abrupte ; et, malgré notre mauvais vouloir, notre paresse, notre besoin de reconfort, nous dûmes rendre à Victor Fiévet la justice de reconnaître que ce qui nous attendait, une fois arrivé à moitié de la petite élévation, méritait bien la peine d'être visité. Du reste, comme une compensation à notre dérangement, plus nous cheminions sur cette légère pente du terrain, plus la campagne se développait à nos regards dans toute sa magnificence. A notre droite, et dans une certaine profondeur de perspective, nous admirions les verdoyants coteaux de St-Martin-d'Ablois tout empanachés de vignes où se balançaient les grappes dorées du fruit divin. A nos pieds la butte des Crayons; au bas de la colline, la vallée allait en se prolongeant, gaie, riante, chaudement éclairée, comme ces paysages de Claude Lorrain, où la lumière semble avoir servi de couleur à l'artiste. Pas un nuage dans l'azur du ciel. Une atmosphère transparente flottait librement sur cette étendue, où l'œil aimait à se reposer.

A gauche, la vue, bornée par les bois, ne distinguait, perçant le feuillage, que les flèches coquettement élancées du château de Brugny, domaine de M. Clermont-Tonnerre, et le clocher de Saint-Martin-d'Ablois.

Nous atteignîmes bientôt la pierre Saint-Mamert, terme de notre ascension. Imaginez un énorme bloc de rocher qu'un caprice des révolutions du globe est venu enchâsser dans le flanc de la montagne et qui se dresse là comme un souvenir impassible du passé. Soit effet du cataclysme, soit résultat du travail des hommes, ce roc se trouve profondément creusé dans son centre. Il forme plus qu'un abri, plus qu'un refuge, car, pendant une longue suite de siècles, il a servi de demeure à plusieurs générations de ces pieux solitaires dont la sainte race s'est éteinte, emportée par le souffle destructeur des tourmentes populaires.

Voici ce que nous raconta Victor au sujet de cette singulière habitation et pour justifier la double réputation d'ancienneté et d'excellence des vignes qui l'avoisinent.

Avant l'établissement des couvents, les religieux vivaient dans l'isolement. Hommes simples, de goûts paisibles, sobres, dévoués au travail, ils se construisaient dans quelque lieu écarté, une hutte pour s'abriter contre les intempéries, et cultivaient à l'entour le terrain nécessaire à leurs besoins. Le temps qu'ils ne donnaient pas à ces soins et au soulagement des infortunés, ils le consacraient à la méditation, à la prière.

Ce ne fut guère que vers le VIIe ou le VIIIe siècle, que ces hommes, voués à la mortification, se réunirent en communauté afin d'obéir au précepte de Dieu qui défend à l'homme de vivre solitaire. C'est aussi vers ce temps que la vigne fut introduite en Champagne. La châtellenie d'Epernay relevait de l'archevêché de Reims; or, on suppose que saint Remi, archevêque alors, et qui, d'après son testament, possédait une vigne dans cette partie de la contrée, a installé un ermite dans cette retraite avec mission de la surveiller. On prétend, de plus, qu'ayant reconnu l'exposition de la colline favorable à ce genre de culture, favorisée de tout temps par les princes de l'Eglise, il fit venir, de Vienne-en-Dauphiné, du plan qui, si l'on en croit Pline, jouissait alors d'une grande réputation. Enfin, en suivant cette voie hardie des suppositions, on incline à croire qu'en cette circonstance saint Remi se sera tout naturellement adressé à son collègue saint Mamert, évêque de Vienne, et que, en vue de reconnaître l'obligeance de celui-ci, il aura donné à l'endroit où ces ceps ont été plantés le nom qu'il possède encore aujourd'hui.

Je l'avoue avec humilité, quelque respect que j'aie pour les savants, — et j'en ai infiniment, car beaucoup d'entr'eux sont mes collègues d'Académies, — je ne puis m'empêcher de faire ici une remarque. Voilà une succession de suppositions qu'il faut avoir une longue haleine pour suivre. Il n'est pas d'une absolue impossibilité que ces messieurs aient tombé juste dans leur déduction qui ne manque pas d'une certaine apparence de logique; cependant on est obligé de reconnaître aussi que l'imagination a une très-large part dans cette manière hypothétique d'écrire l'histoire. Par cette même raison que le vrai peut quelquefois n'être pas vraisemblable, le vraisemblable peut souvent n'être point vrai. Le plus fort argument en faveur de la version que je viens de citer, c'est la délicieuse qualité des vignes de cette célèbre côte ; qualité qui peut prêter à croire qu'elles ont effectivement passé par les mains bénies des deux évêques.

Heureusement qu'il existe une autre version. Pour être aussi incertaine que la première, elle a, toutefois, l'avantage de mieux me plaire. Sans doute parce qu'elle revêt une allure plus simple, et que la brutalité humaine y joue un rôle : ce qui ne laisse pas de lui donner une grande apparence de vérité. M. Schivre se chargea de nous la faire connaître. La voici :

Saint Mamert, évêque de Vienne, persécuté, chassé de son siége, vers l'an 475, serait venu chercher un asyle momentané dans le nord des Gaules. Le hasard l'aurait conduit jusqu'à ce rocher, que les mains puissantes de la nature avaient sans doute creusé pour y recevoir un ministre aimé du Seigneur. Le saint évêque, avec cette simplicité qui distingua souvent les pères vénérés de l'Eglise chrétienne, séduit par la beauté du site, par la nature paisible et fertile du lieu, aurait alors établi sa résidence dans les flancs de la colossale pierre à laquelle, en retour, il a légué son nom.

Depuis cette époque, le rocher a constamment été habité par des ermites, dont plusieurs furent inhumés, soit dans ses environs, soit dans son intérieur même, ainsi qu'il a été facile de le constater par des ossements et des débris de sépultures encore enduits de chaux, malgré leur ancienneté évidente.

Lorsqu'un de ces anachorètes mourait, l'autorité spirituelle pourvoyait à son remplacement immédiat. A l'appui de ceci, il suffira de citer l'extrait suivant, d'une lettre du sieur Menesson, curé d'Epernay. Elle porte la date du 6 août 1674 :

« L'ermitage de S.-Mamert étant vacant par la mort du « frère Louis Rolland, il est nécessaire de remplir ledit « ermitage de quelque bon ermite craignant Dieu, et de « bon exemple. C'est pourquoi frère Claude Lemaire est « prié par le curé d'Epernay, de vouloir bien l'accepter « pour y servir Dieu, afin que ledit ermitage ne tombe en- « tre les mains des séculiers et ne puisse être profané. Le « tout sous l'agrément de monseigneur l'évêque de Sois- « sons et de son grand-vicaire, sous lequel ledit ermite..... « *(illisible)*... jusqu'à présent. Signé : MENESSON, curé. »

Quel religieux fut le dernier hôte spirituel de la pierre Saint-Mamert ? C'est une question qu'il est difficile d'approfondir. Néanmoins on est porté à croire que ce peut bien être le frère Claude Lemaire, parce que la famille qui vit actuellement dans le rocher prétend qu'elle y est établie depuis plus d'un siècle et demi.

Nous vîmes cette famille. Ce sont de bons vignerons, dignes de succéder aux solitaires dont je viens de parler. Le chef, nommé Bauchard, un de ces types de patriarches comme les représente l'Ecriture, s'est incliné il y a peu de temps sous le poids de ses quatre-vingts années. L'aîné de ses fils a demandé la continuation du bail de la pierre Saint-Mamert, que les siens ont beaucoup améliorée pendant une possession de 150 ans.

En effet, tel que nous le trouvâmes, le rocher représente une habitation complète : chambre avec cheminée, écurie, buanderie, etc. Inutile d'ajouter que l'on fit droit à la légitime réclamation de la famille Bauchard.

Nous descendîmes à pied la fameuse côte des Crayons, si renommée pour ses vins, qu'on estime parmi les meilleurs de la Champagne.

Une fois réinstallés dans notre véhicule, MM. Schivre et Perribère dans le fond, ma femme et moi sur la banquette du milieu, Victor Fiévet seul sur le devant, nous reprîmes notre course au trot.

Comme nous avancions en devisant, je ne sais plus trop sur quelle matière, nous joignîmes un piéton qui cheminait solitairement dans la poussière de la route. Ce promeneur attira nos regards par l'excentricité de son costume et les gesticulations auxquelles il se livrait en parlant tout haut ; il n'entendit point venir notre voiture et ne se dérangea aucunement pour nous faire place.

— Ho! hé! l'ami! — lui cria Victor, — vous qui remuez les bras avec tant de grâce, faites donc un peu usage de vos jambes pour incliner à droite ou à gauche.

Ce singulier personnage ne parut point avoir entendu, car il continua ses déclamations et ses gestes, sans se préoccuper de notre avertissement.

— Du diable! — reprit Victor, — si vous parlez plus haut que moi, vous n'entendrez pas ce que je vous dis dans votre intérêt, et dame! je vous endommagerai avec mon char... Tant pis pour vous!..

— « Victorine, est-ce une existence?....
« Et veux-tu prolonger ta longue résistance?... »

exclama l'étranger que nous serrions d'assez près pour saisir ses paroles.

— C'est qu'il ne bouge pas ! — gronda Victor indigné.

— Il est sourd, — dit M. Schivre.

— Ou fou ; — ajouta M. Perribère.

— A moins qu'il ne soit somnambule, — dis-je.

— Hum ! hum ! j'ai une furieuse envie de lui détacher un coup de fouet... dans tous les cas çà l'éveillera...

— Non... non... pas de mauvaise plaisanterie.

Au moment où, en dépit de nos représentations, Victor allait peut-être exécuter son idée, notre cheval, dont la tête effleurait celle du voyageur, fut pris d'un soudain accès de gaîté et se mit à hennir et à souffler bruyamment. Puis, agitant de haut en bas son long museau, par un mouvement familier à ceux de son espèce, il rencontra le chapeau du malheureux piéton, et, d'un coup vigoureux, le lui enfonça sur les yeux en redoublant ses hennissements comme s'il eût ri de son action.

A ce tonnerre qui éclata à ses oreilles, à ce renfoncement aussi formidable qu'inattendu, le voyageur poussa des cris d'épouvante et se mit à courir tout effaré. Mais privé momentanément de la vue, il fut obligé de s'arrêter à quelques pas. Alors commencèrent des efforts inouis pour se débarrasser de sa coiffure. Il y parvint, après beaucoup de difficultés. Enfin il leva les yeux pour connaître la cause de ce qui lui arrivait.

En nous apercevant tous les six, y compris notre facétieux coursier, en proie à une inextinguible hilarité, il eut un moment d'anéantissement. Croisant les bras sur sa poitrine d'un air plein de dignité et de défi, il s'écria :

— Pouvez-vous me dire au moins ce qu'on m'a fait ?

— Rien de plus simple...

— Vous appelez ça simple... C'est une insulte, n'est-ce pas?..

— Mais non, pas du tout...

— Il faut que je me batte avec l'auteur de cette odieuse plaisanterie.

— Bah! — exclama Victor, — voilà la première fois que mon pauvre Coco s'entend proposer un duel. N'importe, il accepte .. c'est un brave que Coco...

— Qu'est-ce à dire? qu'appelez-vous Coco?..

— Cela signifie que mon cheval.... mais, avancez donc; je ne me trompe pas: c'est M. Onézyme Ribottin?

— Eh! vous êtes monsieur Victor Fiévet?

— Justement.

— Bonjour, et sans rancune; — s'écria le quidam en changeant de ton et en saluant d'un air aimable; — comment va cette santé?.. Et votre épouse?.. et tous ces petits diablotins d'enfants: Jules, Léon, Amélie?.. Moi, je me trouve assez bien: Merci!.. seulement vous m'avez donné un coup comme si on m'électrisait... mais c'est passé... Madame et la compagnie, j'ai bien l'honneur d'être votre très-humble... Enchanté de la circonstance qui me procure l'avantage de... de... vous me voyez ravi!

Ce disant, avec une volubilité incroyable, M. Onézyme Ribottin souriait, saluait et se donnait toutes sortes de grâces.

— Qu'est que c'est que çà? — demandais-je.

— Ça!.. c'est un gaillard qui va nous divertir, ou je me

trompe bien ; — dit Victor à mi-voix, — seulement ne riez pas trop, si c'est possible.

Tandis que M. Onézyme rétablissait de son mieux la forme primitive de son chapeau et qu'il s'essuyait le frnot, Victor, toujours imperturbable, se pencha de nouveau de notre côté, comme pour prendre quelque chose dans le fond de la voiture et ajouta :

— Je connais suffisamment l'oiseau : je sais où il faut le chatouiller pour qu'il chante... laissez-moi faire... mais descendons, si nous voulons jouir de son ramage.

— Encore !...

— Toujours... vous ne le regretterez pas, croyez-moi. D'ailleurs nous sommes bien près de Saint-Martin : c'est la terre promise.

Nous cédons à ce conseil et, — à l'exception de Marguerite, — nous voilà de nouveau sur nos jambes, en parfaite situation pour bien voir et bien entendre notre pédestre voyageur. A mon sens, c'est toujours ainsi qu'il convient de faire pour juger sainement. Il est sage de se mettre au niveau de l'objet qu'on prétend apprécier. Un homme à pied juge mal un homme en voiture, et de son côté, l'homme en voiture juge mal le piéton. Il faut que l'un monte ou que l'autre descende.

M. Onézyme Ribottin pouvait avoir trente ans. Il se distinguait par des cheveux noirs coupés ras, un front bas, des petits yeux verts, des grandes oreilles, un long nez pointu, une bouche large et un menton fosseté. Teint coloré. Il portait des moustaches taillées en croissant dont les extrémités remontaient vers les yeux. Il avait une impériale.

Son habillement consistait en des bottes pointues, un chapeau pointu, un habit pointu à boutons de cuivre; son pantalon à grands carreaux était de la façon dite *cosaque*. Son gilet de poil de chèvre, couleur café au lait, était beaucoup trop court. Par l'ouverture flottait un jabot luxuriant. Pour cravate il avait un simple foulard rouge négligeamment noué à la Colin, et son col de chemise, d'une grandeur démesurée, rabattait sur son habit, non-seulement pointu, mais encore d'une coupe étrange.

Joignez à cela un lorgnon, des breloques, des gants de coton blanc, comme ceux des tambours de la vertueuse garde nationale, et vous aurez une bien vague idée de notre nouvelle connaissance.

— Ah! çà, monsieur Victor, vous qui êtes drôlatique à l'excès, quelle diable de plaisanterie m'avez-vous faite?.. Vous m'aviez reconnu?.. Ce n'est pas surprenant : je suis si original!.. on m'aperçoit de dos, de face ou de côté ; on me regarde, on m'examine, rien qu'un moment, et l'on ne peut s'empêcher de dire : « Tiens, c'est Onézyme! quand c'est un ami. Ah! ah! c'est monsieur Onézyme! si c'est une jeune fille; et de rougir, de se troubler. Oh! hum! c'est le sieur Onézyme! lorsque çà se trouve être un mari ou une famille; » et l'on frissonne.. vous comprenez?..

— Parbleu!..

— Mais contez-moi votre mauvais tour de tout-à-l'heure.

— C'est tout bonnement mon cheval Coco, — dit Victor, — vous ne vouliez point vous déranger, il a pris le parti de vous pousser un peu.

— C'est-à-dire qu'il m'a assommé. Mais ça ne fait rien... au contraire... Imaginez, je faisais des vers à une femme, un madrigal, un rondeau, un sonnet, un poëme... que sais-je ?.. L'inspiration a été un peu troublée par le procédé de Coco... Oh ! ça reviendra dès que je le voudrai... j'ai une facilité si étonnante... je suis maître de moi... je me possède... Dites-moi, où donc allez-vous ?..

— A Saint-Martin.

— Oh ! je comprends : voir la famille ?.. C'est bien ça... bravo !

— Et vous-même, honorable Ribottin ?

— Moi ?.. c'est autre chose : je suis orphelin... Je vais, comme le coucou, dans la famille et la propriété des autres. On m'attend au Moulin-Bleu. Vous connaissez le Moulin-Bleu ?.. Charmant cottage, ma foi ! là tout auprès, au pied de la côte des Crayons.

Il y avait une telle volubilité dans les discours décousus de M. Ribottin ; il mimait si comiquement chacune de ses phrases, que nous nous regardâmes d'un air qui signifiait clairement : « Il est fou ! »

— Mais pardon, madame, — dit gravement Victor en s'adressant à Marguerite, — il me semble que je ne vous ai pas encore présenté M. Onézyme Ribottin.

— C'est vrai, — grommela le nouveau venu, — mais ça ne fait rien...

— Oh ! pardon ; à l'anglaise ! — dit Fiévet.

— C'est juste... A l'anglaise... Cela change la question du tout au tout.

— Permettez que je vous introduise un de nos poëtes romantiques, natif de Draguignan et habitant de ces environs; mais dont l'étonnant génie se proclame mal à l'aise sous l'éteignoir de la province.

— Il est exact de dire que j'ai besoin d'espace pour déployer mes ailes, — dit mélancoliquement Onézyme, — oh! si l'on savait ce qu'il y a d'harmonies en moi, si on le savait !...

« Je suis un rossignol dont, par malheur, la voix
« S'exhale en chants perdus au plus profond des bois... »

Mais si je fais un retour vers mon tendre passé, quoique bien jeune encore, qu'y vois-je ?.. des déceptions, des tristesses, à peine émaillées de quelques joies. Par exemple, avant que j'héritasse de mon oncle Carcasson, que faisais-je ?... je gaspillais follement à Reims les flots de mon intelligence, les effluves de ma pensée, les primeurs parfumées de ma muse dans l'étroit horizon d'un comptoir de bonneterie... Odieux !.. n'est-ce pas ?.. Pauvre muse dévoyée, se voir réduite à débiter, quoi ?.. d'ignobles caleçons de flanelle et d'exécrables bonnets de coton !.. Croyez-vous que ce soit au fond de ces choses que l'inspiration se trouve ?

— Il est au moins permis d'en douter, — dit en riant Victor.

— Ah ! vous êtes obligé d'être de mon avis.

— Je suis toujours du côté de la raison.

— Hélas ! ce temps d'épreuves a bien pesé sur ma vie, soupira le poète d'un accent plaintif; il a noyé mon cœur dans l amertume... J'ai bu mon calice aussi, moi !....

— Pauvre M. Ribottin, — dit lamentablement Victor, tirant son mouchoir.

— Bast! j'ai oublié tout cela, maintenant, et je m'applaudirais de ces rigueurs passagères, si dans le fond de mon comptoir des peines d'une autre nature n'étaient venues m'assaillir.

— Encore?...

— Dites-nous cela.

— Votre belle jeunesse fut donc vouée aux tourments?

— Je le crois. Ecoutez. Je ressentis à cette époque une passion fougueuse pour une demoiselle de magasin des plus séduisantes. Yeux d'azur, cheveux d'ébène, dents de nacre, peau de satin, lèvres de corail, enfin une sublimité!.. Tenez, je crois entre nous que les plus beaux corps recèlent les âmes les plus dures... si vous saviez ce que cette créature là m'a fait endurer, sans compter que je n'ai jamais été convaincu qu'elle prit mes talents au sérieux.

— Vraiment.

— Le jugement manquait dans cette belle tête : il n'y a que les âmes pareilles et les intelligences sœurs qui pactisent.

— C'est entendu.

— J'avais broché, avec la verve qui me caractérise, un petit poème pour l'attendrir en lui dessillant les yeux sur l'état de mon cœur. Il y avait certain passage où, me mettant en scène à la manière de César, je modulais :

« Oh! combien a le droit, ce triste infortuné,
« De dire ainsi que Job : « Pourquoi donc suis-je né? »
« Lui, qui n'a jamais vu résister une femme,
« Vous comprendrez comment, pénétrant dans son âme,
« L'aiguillon du malheur a crevé son orgueil
« Comme ferait un clou qui vous entre dans l'œil! »

Je dois à cette passion funeste mes plus chaudes inspirations. Combien de fois ai-je, sous la fenêtre de ma belle, chanté d'admirables stances.... J'avais acquis une guitare... je m'accompagnais...

« J'ai fait bien des chansons pour elle.... »
« J'aurais pu me battre souvent... »

Tra la la! là! Tenez, le cœur me palpite encore au souvenir de ces nuits étoilées... et pourtant, la dernière ne fut pas sans nuages.

Un voile passa sur le front d'Onézyme.

— Pardieu! — dit Victor, — vous devriez bien nous répéter quelques-unes des strophes brillantes que vous improvisiez au clair de la lune, en vrai *Caballero Castillano.*

— Vous y tenez?

— Enormément.

— Hé bien, soit! Voilà une des plus fortes pièces qui soient jamais sorties de mon cerveau :

Avec ma guitare
J'attends sur ton seuil,
Car je veux, barbare,
Te donner dans l'œil.

Faisant sentinelle,
Prompt à me pâmer,
Pour toi, ma rebelle,
Je vais m'enrhumer.

Je te congratule,
Fière déité,
Et pour toi je brûle
Avec volupté.

Tu vois ma furie,
Mon amour de fou,
Je grince et je crie
Comme un vieux verrou.

Tu vois mes tempêtes,
Mes feux, ma cuisson,
Eh bien! tu me traites
Comme un polisson.

Si je fus folâtre,
Joyeux autrefois,
Je deviens jaunâtre
Et je te le dois.

Je n'ai pas de trône,
De riche villa,
Mais mon cœur te donne
D'amour ce qu'il a.

Toujours la fortune
Dort d'un lourd sommeil...
Veillons!... sois ma lune,
Et moi... ton soleil!

— Ah! que c'est beau!

— Assez! on suffoque!!!

— J'espère que cette rebelle beauté a enfin couronné votre flamme? — demanda ingénûment M. Perribère...

— Couronné?.. oh! dérision! Savez-vous?.. le soir même où je lui proposais d'être son soleil... L'image était hardie, hein?.. Elle a fait pleuvoir sur ma tête un déluge d'impuretés!... Je ne m'expliquerai pas davantage... Enfin, ça m'a beaucoup refroidi.

— C'était bien fait pour ça.

— A qui le dites-vous!

— Et vous l'avez souffert ?

— Il le fallait bien.

— Diable !..

En présence du grotesque de ce récit, il nous devint impossible de contenir plus longtemps l'explosion de rires qui fermentait en nous. Le bel Onézyme avait un tel air d'abattement, d'humiliation ; ce souvenir lui semblait si amer, que nous éclatâmes.

Heureusement le poète était d'un bon naturel ; il ne s'émut point de notre gaîté.

— Que fites-vous après un procédé aussi blessant? lui demanda M. Schivre qui seul se possédait encore.

— J'allai prendre un bain.

— Nous aimons à le croire... Mais enfin, vous vous vengeâtes?

— Peuh! fit Onézyme d'un ton sombre.

— Comment cela ?

— Cruellement. J'écrivis une satire en douze cents vers contre la coupable.

— Elle la lut tout entière ? demanda Victor.

— Tout entière.

— La malheureuse!.. je la plains !

— Et moi donc !.. Elle fut perdue...

— La demoiselle?

— Non, la satire .. dans un déménagement...

— Voilà une chose fâcheuse.

— Je le crois bien. Oh ! cependant je me souviens des premiers vers. Je les ai là.

Il montra son front.

— Voyons.

— Voyez.

« Je devrais vous maudire et pourtant je vous plains.
« Je brûlais de cent feux vous les avez éteints ;
« Coupable, lisez-moi, ne devant plus m'entendre :
« Pour vous, j'étais aimant, j'étais doux, j'étais tendre ;
« Mais, ingrate ! sachez mon avis jusqu'au bout :
« Ce que vous avez fait n'était point de bon goût :
« Une fille de cœur, lorsqu'un amant l'hébête,
« A mille autres moyens de lui laver la tête.
« Ce n'est point quand on voit un cœur triste, obsédé,
« Qu'il convient de choisir un si laid procédé... etc.

Le reste va de soi ; car c'est le premier vers qui coûte ; les autres suivent tout naturellement, comme les moutons de Panurge... Voilà tout le secret de la poésie...

— Magnifique début ! et qui promettait beaucoup ! — observa Victor Fiévet d'un air judicieux.

— Je suis de cette opinion, — reprit M. Ribottin, à qui le succès du poète faisait oublier les mésaventures de l'amant. — Enfin, cette affaire et quelques autres déboires m'engagèrent à quitter le magasin. Je me corrodais, je me rouillais dans cet antre. A tout prix je voulais éviter un suicide moral. Un talent tel que le mien n'est pas taillé pour débiter des chaussettes ; sa mesure n'est pas un mètre. La Providence, si prodigue envers moi, eût gémi de voir son œuvre gaspillée, perdue au sein de cette flanelle absorbante. D'ailleurs je venais d'hériter de mon oncle Carcasson... Un soir, je mis ma guitare en bandouillère ; je coiffai ma casquette de voyage, et leste, pimpant, joyeux, mon mobilier sous un bras, mes manuscrits sous l'autre, je partis en chantant :

Adieu ! sombre boutique,
Adieu ! triste séjour,
Pensif, mélancolique,
Dans ton comptoir antique
J'ai passé plus d'un jour,
Jouet du sort et de l'amour !..

Et Onézyme Ribottin atteignit le comble du grotesque en chantant ces vers que nous saluâmes d'une nouvelle explosion de rires.

— Ce chant a plusieurs couplets ? — demanda Victor.

— Pas moins de vingt-cinq. Je l'ai composé expressément peu de jours avant mes adieux à la bonneterie.

— Si l'on peut juger du reste par le début, c'est un morceau de premier ordre.

— Vous allez le reconnaître.

— Auriez-vous cette œuvre sur vous ?

— Toujours. J'ai même emporté un choix de mes poèmes pour faire les délices de la société qui m'attend.

En parlant ainsi, Onézyme Ribottin explorait avec précipitation les poches de son habit.

— Mais... mais, — dit-il, — attendez... je les avais.

— Quoi ? — demandâmes-nous....

— Mes œuvres, mes poèmes, mes manuscrits... ah ! ciel !

— Eh ! bien ?

— Est-ce possible !!!...

— Les trouvez-vous ?

— Non.

— Dans la doublure... voyez !...

— Rien !... Je tremble !... un froid terrible s'empare de moi... oh !.. balbutiait avec une émotion croissante le pauvre poète dont les traits s'altéraient d'instant en instant.

Et il fouillait et refouillait dans les profondeurs de ses poches avec une rage désespérée. Mais n'y trouvant plus son trésor, le malheureux resta anéanti... Je me sentis pris de pitié à ce chagrin qui, bien que la cause en fût absurde, n'en était pas moins réel et profond.

— Ah ! je les ai perdus ! — gémit-il d'un accent désolé. Perdus! Perdus! — répéta-t-il avec une angoisse amère, — ces poèmes, mon avenir, mon espoir, mes titres à l'admiration de mon siècle !.. Tout ce que j'attendais d'heureux en ce monde où tant de chagrins m'ont accueilli.... je l'ai perdu !... Comment faire !.. Oh ! c'est là-bas... votre cheval... cette mauvaise plaisanterie de tout-à-l'heure... Ils seront tombés.

— En effet, — dit M. Schivre, — n'était-ce point un rouleau ?

— Justement.

— Noué d'un ruban rose?

— Vous l'avez dit...

— Je l'ai vu sur la route, près de l'endroit où nous vous avons rencontré.

— O mon Dieu ! — dit Onézyme haletant, partagé entre le désespoir et l'espérance, — vous ne m'avez pas prévenu !..

— J'ignorais que ce fut à vous ce rouleau.

— Ne pouviez-vous le ramasser ?

— Peuh ! — dit M. Schivre d'un ton tout-à-fait détaché, — j'ai cru que c'étaient des billets de banque.

Nous le regardâmes avec une stupéfaction égale à celle de Ribottin.

— Hâtez-vous, — reprit-il, — un peu à gauche... près du fossé...

— Vous me rendez la vie.

— Courez... il n'y a pas une seconde à perdre. Si j'avais ici une de mes locomotives je vous la prêterais.

— Je vole !..

Onézyme s'élançait, M. Schivre le retint :

— Monsieur, pour reconnaître le plaisir que vous nous avez procuré par votre aimable conversation et vos spirituelles poésies, je veux vous donner une assurance formelle.

— Laquelle ?— interrogea des lèvres et du regard l'impatient Ribottin.

— C'est que d'ici à demain vous aurez retrouvé vos manuscrits, dussiez-vous ne les plus rencontrer sur la route.

— Vous jouez-vous de moi ?.. ce serait mal, monsieur, car je souffre.

— Je dis vrai.

— Êtes-vous sorcier ?

— Qu'importe !.. vous avez ma parole... je ne vous retiens plus.

Et d'un geste de roi, M. Schivre congédia le poète qui partit comme un trait.

Nous le suivîmes des yeux. C'était plaisir de le voir arpenter l'espace.

— Pauvre garçon ! dis-je.

— Il est bien ridicule, — ajouta Marguerite ; — mais puisque son bonheur est dans ses papiers, je fais des vœux pour qu'il les retrouve.

— En tout cas, — objecta Victor, — je conclus qu'il était temps qu'il s'en allât. Il nous divertissait encore : un peu plus, et son intarissable faconde nous eût fatigués. N'est-ce pas votre avis ?

— Précisément ; — repartis-je. — C'est un grand art que de savoir se retirer à temps... Que de gens d'esprit à qui il manque. Si M. Ribottin ne l'a pas, le hasard le lui a donné. « Venir à point, partir à propos ; » voilà le tact ; voilà la règle invariable de ceux qui veulent réussir.

En ce moment Victor et M. Perribère interpellèrent vivement leur ami Schivre sur sa nonchalance à l'égard des manuscrits laissés par lui dans la poussière, et lui demandèrent compte de la promesse qu'il avait faite à Ribottin.

— Chut !.. fit mystérieusement notre ingénieur.

Et après s'être assuré que le poète poursuivait sa course furieuse, il tira de son paletot le rouleau qu'il nous montra d'un air conquérant.

— Comment ?..

— Quoi ?..

— Mais ?..

— Voilà ma réponse à vos deux questions, dit-il.

— Soit !.. Mais nous allons vous en adresser une troisième... Comment êtes-vous possesseur de ces œuvres après lesquelles le malheureux Onézyme court si fort ?

— Il les a escamotées, — grommela Victor, — je connais ses talents.

— Il m'a semblé curieux de vous donner cet échantillon de mon adresse, et ensuite de savourer nous-même les élucubrations de notre poète-coureur.

— Bravo ! nous les lirons.

— J'y adhère, — dis-je, — mais après déjeuner.

— Bien entendu : l'utile d'abord, l'agréable ensuite.

Nous fîmes quelques pas en convenant de la manière dont, fidèle à son engagement, M. Schivre ferait remettre le jour même ses trésors à Onézyme.

Tout-à-coup Victor cria d'une voix retentissante :

— Terre !.. nous touchons !..

Nous levâmes les yeux et Saint-Martin-d'Ablois nous apparut.

— Voilà notre oasis ; — dit Marguerite, — quelle va être douce à la caravane épuisée !

— Et moi qui voulais vous raconter la suite du drame des bois d'Epernay, — reprit Victor.

— L'histoire de Louise ?

— Justement.

— Excellente idée !..

— Elle trouvera sa place un peu plus tard...

— Oh ! inconstance et mobilité de l'homme ! — gronda sourdement V. Fiévet. — Comme le souvenir de cette malheureuse jeune fille s'est vite envolé de votre esprit !.. abandonnée par nous dans une position si critique, si compromettante, entre la mort et le déshonneur, on ne voulait point la quitter... on me pressait... on me reprochait ma dureté... c'étaient des cris, des reproches... bon !... Et voilà que ceux qui m'accusaient ne songent plus à elle !.. Humanité ! roseau flottant, soumis à tous les caprices des vents et des ondes, l'oubli t'est-il donc si facile ?... J'en gémis de honte !.. Combien c'est consolant de mourir après cela : on a la mesure exacte des regrets éternels... on sait le souvenir que l'on conservera de nous et de nos vertus en voyant le train dont va le monde.

— Saint Augustin l'a dit, — interrompit Marguerite, — l'oubli est le meurtrier du souvenir.

— Quoi ?... Est-ce possible ? Le désespoir de Martial, la douleur du père Foubert et les déchirements de la patrie par le sabre étranger, vous n'y pensez même plus ?..

— Les incidents de la route nous ont peut-être un moment distraits de cette intéressante histoire ; mais elle nous captive toujours et nous espérons bien qu'à table vous allez la reprendre.

— A table ?.. Non. Quand la faim est canine, la soif ardente, on boit, on dévore : et les oreilles sont mal ouvertes alors que la bouche l'est autant. Après le déjeuner, soit ! nous irons au château de madame la marquise de Talhouët... La route que nous suivrons est belle, douce, ombreuse ; nous pourrons la faire à petits pas, et alors je vous promets la suite de l'histoire de Louise.

— Vous vous y engagez ?

— Vous ne le méritez guère... cependant je m'y engage.

— Ah ! Victor, vous êtes un aimable homme !

— Parbleu ! je le sais bien... on dirait que vous croyez m'apprendre une nouvelle ; répliqua Victor Fiévet d'un ton passablement fat.

Notre conversation fut interrompue.

Nous foulions le pavé de Saint-Martin.

Dix heures et demie sonnaient.

VII.

Saint-Martin, proprement dit, n'a rien de remarquable. Autant que je me souvienne, sa rue principale est mal pavée, montueuse, inégale. La mairie, grande construction carrée, en bois, jetée au milieu d'une place, a quelque chose de singulièrement primitif : elle nous rappela l'architecture flamande des plus vieux âges, telle quelle nous était naguère apparue dans quelques petites localités de la Belgique et d'une partie de la Hollande méridionale.

Nous visitâmes l'église. Elle est assez grande, relativement au peu d'importance du lieu. L'on y chantait la grand'messe. Je ne saurais rendre l'impression de fervente foi que nous ressentîmes à l'audition de ce concert simple et touchant de la voix des fidèles. Il nous pénétra davantage, il nous emplit d'un recueillement bien autrement réel que ces musiques dramatiques et dansantes, qui, dans nos temples de la Capitale, ont remplacé les larges et sévères accords des vieux motets sacrés. Ce que j'ai dit précédemment au sujet de la simplicité des églises est applicable à la musique religieuse. La sobriété, la gravité conviennent mieux aux temples chrétiens que le fracas mondain des instruments. Il est possible que la musique sacrée de nos villes exerce une action plus directe sur le cerveau ; mais il est certain qu'elle n'émeut point le cœur, qu'elle ne l'imprègne point d'un sentiment profond et recueilli, comme le fait la musique d'Allégri, de Pellégrini, de Pergolèse. Ces vieux maîtres faisaient parler la voix austère du Seigneur ; nos modernes compositeurs n'éveillent que des échos profanes, remuent nos passions, mais laissent sommeiller la pensée chrétienne. Leurs accents prêtent à l'épanouissement des sens ; ils ne font jamais rêver l'âme.

Le père de la philosophie chrétienne, saint Augustin, disait : « Lorsqu'il m'arrive d'être moins touché du verset que « du chant, c'est un pêché, je l'avoue, qui mérite péni- « tence : je voudrais alors ne pas entendre chanter. »

Nous mêlâmes nos voix à l'unisson de la prière.

Après le service, nous admirâmes un bénitier de forme antique, et nous nous disposâmes à quitter l'église. Victor nous retint pour nous faire remarquer dans le chœur une belle toile de je ne sais plus quelle peintre, et qu'il nous signala comme une pieuse offrande de Madame la marquise de Talhouët, dont j'aurai bientôt l'occasion de parler plus longuement.

En sortant, nous remarquâmes que le village est sillonné de ruisseaux où circule une eau fraîche et limpide. Ces ruisseaux sont alimentés par diverses sources qui descendent des collines avoisinantes.

Pour résumer mon opinion sur l'aspect général du village de Saint-Martin-d'Ablois, si admirablement entouré de coteaux, de bois, de plaines, de cascades, de cottages, je le comparerai à une médiocre peinture dans un cadre délicieux.

Maintenant, mon cher Anatole, je vais en quelques lignes vous tracer l'historique de ce petit endroit que je voudrais habiter, non pour lui-même, mais à cause de ses alentours.

Dans l'origine, la vicomté d'Ablois faisait partie de la châtellenie d'Epernay. L'an de grâce 1559, elle en fut distraite par Marie Stuart et ne releva plus que de la tour du Louvre. L'aimable épouse de François II joignait à ses fiefs, titres et apanages, celui de dame d'Epernay, et ce titre n'avait rien de fictif, comme vous voyez, puisqu'elle s'en autorisa pour séparer Ablois de la ville, dont il relevait depuis des siècles. Ainsi donc, Marie qui devait sitôt éprouver le poids du veuvage, Marie, que la destinée allait, après tant de galantes et singulières aventures, précipiter du trône, jeter dans une prison et conduire à l'échafaud, Marie alors riche de jeunesse, brillante, adulée, vertueuse encore, peut-être, avait promené ses rêveries, ses espérances dans ce village perdu, où un caprice du hasard et l'appel d'un ami nous avaient attirés. Puissance de l'imagination! En apprenant cette nouvelle, Saint-Martin-d'Ablois acquit à nos yeux un intérêt plus vif et plus réel. Ne dirait-on pas que le pouvoir de la beauté est impérissable?.. puisque trois siècles après le passage de Marie Stuart dans ce pays, notre esprit cherchait à ressaisir les traces fugitives de la belle reine, et que la chaleur d'un lointain souvenir planait encore vaguement sur ces lieux qu'il colorait aux yeux de la pensée d'un reflet d'amoureuse poésie.

Hélas ! — nous disions-nous, — que de fraîches rêveries écloses sous ces grands arbres !.. Quels pieds légers et gracieux foulèrent ce sol dur et inégal ! Quelles prières échappées à des lèvres souriantes et profanes vinrent frapper mystérieusement les voûtes de cette modeste église ; car c'était le temps des folles amours et des gaies aventures!... Alors on mêlait des rêves de tendresse aux vœux qu'on adressait au Seigneur... Vous seul, ô mon Dieu ! avez le secret de cette mystérieuse influence du passé, dont le réseau magnétique captive encore les âmes après tant de jours écoulés !...

Vers 1770, M. de Meulan, devenu seigneur de Saint-Martin, fit reconstruire le château qui menaçait ruine et ordonna que le parc fut replanté. Sous sa direction la forêt ne fut plus négligée : grâce à ses soins intelligents, on l'émonda, on la para, on l'embellit, et de magnifiques avenues, de larges allées y firent pénétrer la lumière. A sa mort, M. de Meulan laissa deux filles. Le domaine échut à l'une d'elles. En 1791 on l'adjugea à la barre du tribunal de la Seine; mais une surenchère eut lieu, et il devint, le 28 mai 1792, la propriété d'un sieur Sainnegon qui le conserva jusqu'en 1821, époque où M. le comte Roy, un de ces grands seigneurs si puissamment riches, que le bruit de leur or éveille l'attention d'une époque, en fit l'acquisition. Aujourd'hui, M. le comte Roy est mort, et le château est naturellement venu en la possession de madame la marquise de Talhouët, sa fille, dont le nom se représente à chaque instant sous ma plume, tant il se trouve étroitement lié à tout ce qui intéresse ce village.

Après un assez long circuit, nous nous étions acheminés

vers la maison du parent de Victor. Une agréable surprise nous y attendait. Madame F...., que nous avions laissée à Epernay, parut sur le seuil pour nous recevoir.

— Comment, — nous écriâmes-nous, — vous avez refusé de nous accompagner et voilà que vous êtes venue? Notre compagnie vous effrayait-elle à ce point?..

— Des reproches! — dit-elle en riant, — vous allez me rendre justice et comprendre que je ne les mérite pas.

— Mais....

— Laissez... c'est moi que cela regarde, interrompit Victor, en prenant un air mélodramatique :

« Est-ce vous que je vois? vous, madame, en ces lieux?..
« Vainement vous tremblez et vous baissez les yeux;
« C'est votre époux, vous dis-je, un époux qui s'étonne
« Et qui sent dans son sein la colère qui tonne!..
« Répondez!.. ou sinon redoutez mon courroux.... »

— Vos vers sont très-mauvais, mon ami; taisez-vous!...

répliqua en riant de nouveau madame F.....

Notre ami Victor resta coi, ne sachant que riposter.

— Voilà ce que c'est, mon cher, que de jouer les tyrans sans mettre de barbe! — dit M. Perribère.

— Hum! — grommela Victor, — croyez-vous qu'ils en aient tous? C'est bon au théâtre pour produire de l'effet.

— Vous avez eu une délicieuse idée de venir, — dit Marguerite à madame F.....; mais c'en est une détestable de ne nous avoir pas accompagnés.

— Vous me pardonnerez. Je savais par cœur ce que mon mari allait vous débiter sur chaque arbre de la route, et je me suis dit que ce voyage serait bien long, puisque je ne pourrais causer avec vous. Me suis-je trompée?.. On aime son mari, le cœur et la loi le veulent ainsi; mais songer qu'on l'entendra discourir pendant plusieurs heures sur un sujet connu, cela donne à réfléchir.

— C'est une épigramme, je crois? — gronda Victor.

— Au moins cela y ressemble, — dit M. Schivre.

— En tout cas, ce n'est point un motif suffisant, — objecta Marguerite, — et nous délaisser ainsi est une action digne de reproches.

— D'accord! — repartit d'un petit air mutin madame F..... — Mais j'établirai ce point : que, si l'on est tenu de justifier de ses actions aux yeux de ses amis, à ceux de son mari, jamais; car il en prendrait avantage.

— Brava ! dit notre célibataire.

— Hum! hum! — murmura Victor, — quels principes!..

— Donc, craignant que le repas dont vous devez avoir besoin fût négligé, j'ai voulu en surveiller moi-même les apprêts... voila mon *ultima ratio*, comme on dit.

— Il n'y a rien à y répondre, — répliqua Marguerite.

Quant à nous, cette fois, nos exclamations approbatives furent unanimes.

— Oh! fi! les vilains égoïstes! — nous dit gaîment notre charmante et bonne hôtesse. — Ce n'est pas leur cœur, mais leur estomac qui me passe condamnation.

Elle entraîna Marguerite; nous suivîmes.

La maison, située non loin de la mairie, avait quelque chose dans la disposition des habitations anglaises. Le parloir, sorte de petit salon de causerie, était à gauche en entrant, recevant le jour par la façade. Plus loin, la salle à manger, éclairée de même. Un escalier, faisant face à la porte d'entrée, conduisait aux logements supérieurs.

Nous rencontrâmes en M. X... un aimable vieillard; il nous reçut avec cette cordialité calme, dont la source est au fond du cœur, et qui témoigne de l'habitude des bons accueils. Rien de préparé, rien de circonstance : tout était simple et naturel. Nous fûmes frappés de la ressemblance de M. X... avec sa fille. C'étaient les mêmes yeux bleus doux et profonds, aux longs cils bruns; le même nez, petit et bien fait; la même bouche bienveillante, prête pour le sourire et les bonnes paroles; enfin le même ensemble des traits avec cette différence très-naturelle qu'y pouvait apporter la différence des sexes et des âges.

Une fois la connaissance faite, on nous invita à passer au jardin. Autant que je me souvienne, ce jardin, de très-modeste étendue, était situé derrière la maison. Arrivés là, on nous fit asseoir sous un bosquet de verdure et de fleurs. Quel spectacle enchanteur frappa nos regards! Quelle senteur délicieuse, exquise dilata nos narines blasées sur le parfum des champs et éveilla en nous les instincts les plus secrets de la gastronomie!..

— Allons! fredonna Victor de sa voix la plus joyeuse :

« A table! à table! à table!..
« Qu'un repas délectable
« Retrempe nos esprits... »

Comme toujours en semblable occasion, les premiers moments furent presque silencieux. Quand l'homme satisfait un féroce appétit, il se rapproche considérablement de la brute. Toutes ses qualités intelligentes s'absorbent dans la sombre et égoïste jouissance de cette satisfaction physique... On sent là que la main de Dieu a pétri toutes ses créatures de la même argile, et qu'elles ne diffèrent quelque peu entre elles que par le plus ou moins de ce feu suprême qui les anime et qu'on appelle l'intelligence. Pour que l'homme conserve la place d'honneur qu'il s'est assignée dans l'ordre de la nature animale, il ne faut point qu'il permette à ses instincts de dominer ses facultés... Vous reconnaîtrez avec moi que c'est chose assez difficile de tenir toujours en bride ces mauvais éléments des passions.

L'on n'entendait guères que des monosyllabes mal formulés, des *oui*, des *non* échangés rapidement contre les questions du maître du logis. Le bruit strident des couteaux, des fourchettes ; le choc répété des verres et des plats ; les détonnations fréquentes, produites par la décapitation des fioles champenoises, dominaient seuls cette scène : comme sur un champ de bataille, une fois l'action engagée, les voix des combattants se taisent, et l'on n'entend que les froissements métalliques des armes et les retentissements de la lutte.

Cependant, la première faim assouvie, la nature éminemment sociable de l'individu, dès que ses besoins sont satisfaits, reprit naturellement le dessus. Chacun s'occupa un peu moins de soi et davantage de ses voisins. Jusques-là on avait dévoré les mets ; on commença à les savourer ; on avait bu les vins ; on les dégusta ; on avait à peine parlé : on causa. Puis au milieu des causeries ce furent des exclamations :

— Délicieux poisson !

— Ce filet est exquis.

— Voilà ce qui s'appelle de l'excellent vin.

— En souhaitez-vous ?

— Vous en offrirai-je ?..

— Madame, une aile de ce poulet ?..

— Permettez que je vous verse un verre de ce nectar.

— Oui, avec plaisir...

— Non...

— Assez...

— Mille grâces, etc...

Puis, l'intelligence reprenant de plus en plus le dessus, retrouva tout son ressort, toute sa vivacité et même un mouvement rapide, un entrain qui lui manquaient au début du voyage. O déjeuners exquis ! ô succulents dîners ! n'êtes-vous pas la moitié du génie humain ?.. Quelle preuve de la faiblesse, de l'inanité des êtres !.. Toutefois, je ne puis m'empêcher de faire la réflexion que c'est une chose singulière qu'un trait d'esprit ne soit souvent que la conséquence d'une côtelette ou le résultat d'un verre de vin vieux. Et pourtant quoi de plus vrai ?.... Il y a dans cette remarque matière à des volumes de raisonnements philosophiques. N'est-ce pas aussi votre avis, Anatole ?

Précédemment, en visitant le village, nous avions évoqué le souvenir de Marie Stuart ; nous revînmes à ce sujet. Nous dissertâmes longuement sur cette reine de France et d'Ecosse si remarquable par sa beauté, par le prestige de son rang, par ses faiblesses, par ses crimes et par ses malheurs. Cela me remit en mémoire une anecdote que je racontai. Sans me porter garant de son authenticité, je dois cependant dire qu'elle est considérée comme exactement vraie par la personne de qui je la tiens. Voici comment elle était venue à ma connaissance :

Depuis dix-huit mois que nous étions en résidence officielle à Liverpool, on nous avait maintes fois parlé d'un vieux château situé à trois lieues de là, et auquel se rattachait une page aussi étrange qu'inconnue de la vie de Marie Stuart. Nous avions des intelligences dans la place, et, la curiosité nous éperonnant, un jour nous réalisâmes le projet, depuis longtemps conçu, de l'aller visiter.

Nous partîmes.

Quelle journée, bon Dieu !.. Le ciel se fondait en torrents de pluie, les vents déchaînés mugissaient à travers les arbres tristement balancés; la voix lointaine du fleuve arrivait jusqu'à nous lamentable, agitée, menaçante ; l'atmosphère était froide et morne. Tout enfin prédisposait l'âme à se reporter vers les sombres traditions du passé qu'on doit recueillir et peser gravement, car elles contiennent des enseignements dans lesquels la main divine se manifeste souvent, malgré le voile qui semble la couvrir.

Nous atteignîmes le village de Garston; puis Speke, espèce de hameau qui a reçu son nom du château ou qui le lui a donné. C'est un point que je n'ai pas pris la peine d'éclaircir et que je soumets bien humblement à l'ingénieuse interprétation des auteurs des légendes de la pierre Saint-Mamert. Ces dignes érudits, s'ils ont l'heur d'exister encore, ce qui me paraît douteux, car

« Quand ils ont tant d'esprit les savants vivent peu... »

ne manqueront pas de porter dans cette obscurité historique le flambeau de leur subtile intelligence.

Nous arrivâmes à un petit bois, au centre duquel s'élève le château de Speke.

Imaginez une construction en brique, fort ancienne, très-simple, assez pesante même, tapissée de verdure et entourée de fossés et de haies vives. Le pont-levis a été supprimé, et à sa place on a établi un pont fixe, bordé de parapets d'une pierre de grès rouge, fort commune dans cette partie du royaume-uni. Le porche, taillé en ogive, est assez profond, et ses deux côtés sont garnis de bancs de pierre où s'asseyaient jadis les gens de la suite des visiteurs.

Nous nous fîmes reconnaître, et la porte s'ouvrit devant nous. La galerie se prolongeait jusqu'à une cour carrée assez spacieuse, où croissaient deux gigantesques mélèzes dont les branches écartées et surbaissées en parasol, formaient un dôme de feuillage sombre et touffu qui interdisait l'accès aux rayons du soleil. Aussi le sol de cette cour, tout sillonné par les vigoureuses racines des deux arbres, était-il recouvert de cette mousse verdâtre particulière aux lieux humides.

Lorsque nous eûmes traversé la cour, dont les échos sonores s'éveillaient sous nos pas et vibraient par les aboiements de deux forts chiens enchaînés au pied de chaque arbre, on nous introduisit sous une nouvelle galerie. A droite une porte était ouverte : c'est là que nous entrâmes.

C'était une vaste salle commune. Les vitraux enchâssés dans le plomb n'y laissaient filtrer qu'un jour incertain, car les rayons en étaient amortis par les lierres grimpants et les autres plantes vivaces qui, tapissant les murailles à l'extérieur, s'étendaient même jusque sur les fenêtres. Les parois de chêne sculpté supportaient des panoplies, des faisceaux, des attributs de guerre et des trophées de chasse. La cheminée, de grande dimension, pouvait recouvrir vingt personnes sous son manteau. Tous les meubles, bancs, fauteuils, bahuts avaient été largement taillés dans des blocs de chêne que le temps avait noircis. Il en était de même de la longue table dressée au milieu de cette salle dont le caractère moyen-âge n'avait aucunement été altéré. J'aime ce respect des vieilles choses du vieux temps.

Nous visitâmes successivement différentes pièces meublées dans le même style et empreintes de ce même cachet primitif : c'était d'abord la salle d'armes; puis celle des tapisseries; puis la chapelle, et enfin le salon, beaucoup plus gai, et d'où la vue plongeait dans le parc, à l'extrémité duquel la Mersey roulait avec bruit ses vagues turbulentes et profondes.

Comme nous venions de nous engager dans une galerie vitrée, prenant jour sur la cour dont j'ai parlé tout-à-l'heure, notre hôte nous montra plusieurs portes et nous dit dans sa langue :

— *These are the bed-rooms.*

A peine jetâmes-nous un coup-d'œil distrait sur plusieurs de ces chambres où le moderne avait fourni son contingent. C'était un mélange d'antique et de nouveau qui nous choqua la vue.

Mais ce qui tout-à-coup nous frappa au point de nous impressionner, ce fut une pièce où nous arrivâmes, et qui se trouvait la dernière de la galerie.

— Voici, — nous dit notre hôte, en nous arrêtant sur le seuil, — la chambre qu'occupa la reine Marie Stuart, lorsque, faite prisonnière, elle fut conduite d'Ecosse à Londres.

— Prisonnière? — interrompis-je vivement, — il me semblait que cette infortunée reine était venue librement se confier à sa rivale?...

— Il est vrai; — répliqua notre *cicerone* un peu piqué de l'interruption; — mais il n'est pas douteux qu'en mettant le pied sur le sol anglais, Marie trouva une escorte qu'Elisabeth lui envoyait avec prière de l'accepter pour traverser son royaume, dont les routes n'étaient point sûres, et où une garde d'Ecossais serait plutôt un danger qu'un moyen de protection. Marie commit l'imprudence d'accepter; bientôt elle eut lieu de s'en repentir; car plus elle avançait dans le pays, plus elle comprenait qu'elle avait donné dans un de ces pièges auxquels les esprits faciles se laissent constamment prendre, et que son escorte, de moins en moins respectueuse, était celle d'une prisonnière et non pas la suite d'une reine. Par malheur il était trop tard pour revenir en arrière (*).

L'aspect du lieu où nous venions d'entrer était bien en harmonie avec les douloureuses circonstances qu'il rappelait. Cette pièce recevait la lumière par deux fenêtres ouvertes sur le parc, l'une à droite du visiteur et l'autre faisant face à la porte. Ici comme en bas les lierres touffus, au feuillage sombre, encadraient les frais boutons des roses grimpantes; les capucines mêlaient également leurs fleurs dorées aux clochettes pâles des gobéas. Ces hôtes actifs des murailles interceptaient les rayons lumineux et le peu de jour qui pénétrait, malgré ce rideau de feuillages et de fleurs, en revêtait toutes les tein-

(*) L'auteur s'empresse de déclarer qu'il ne se porte point garant de l'authenticité de cette version. Il raconte ce qu'il a entendu, voilà tout.
E. M.

tes. On eût dit le jour mystérieux d'une église. Devant la fenêtre de droite, ogivalement sculptée, on avait placé un prie-dieu de chêne garni de velours grenat. Sur ce prie-dieu, une grosse Bible, imprimée en lettres gothiques et brillante d'enluminures et d'or, était ouverte.

Devant la fenêtre, faisant face à la porte, une table surmontée d'un vase antique. De chaque côté, des fauteuils de chêne travaillé. A gauche, la chambre s'enfonçait davantage et, par conséquent, se trouvait moins éclairée encore. Là, dans cette demi-obscurité, s'élevait un large lit à baldaquins avec des rideaux de velours de même couleur que le reste de l'ameublement, et recouvert d'un couvre-pied pareil, frangé d'or et enrichi de broderies. A la droite du lit, un bahut et quelques sièges; à la gauche une table, derrière laquelle, tout-à-fait dans la pénombre, existait une portière de tapisserie dissimulant le passage communiquant aux chambres voisines. Joignez à cet ameublement austère et sombre, un Christ d'ivoire jauni se détachant sur une croix d'ébène et placé au chevet du lit; mettez aux deux croisées de lourds rideaux semblables à ceux du lit; sur le parquet un épais tapis amortissant complètement le bruit des pas, et vous aurez une faible idée du caractère solennel de cette pièce et de l'impression profonde que nous ressentîmes en y pénétrant.

Notre hôte nous laissa un moment à notre émotion, puis il nous dit :

— Rien n'a été changé dans l'ameublement de cette chambre; telle Marie l'a quittée, telle vous la revoyez aujourd'hui.

— Son séjour ici fut-il long? — demandai-je.

— Non, monsieur; d'une nuit seulement; mais cette nuit laissa dans sa mémoire un ineffaçable souvenir.

Et, nous ayant invités à nous asseoir, notre Anglais nous fit le récit suivant qui puisait un intérêt bien saisissant du lieu même où nous l'écoutions :

« Un soir de l'année 1568, le repas du soir étant achevé, le chapelain ayant récité la prière, ma bisaïeule, belle jeune femme de trente ans, dont tout-à-l'heure vous verrez le portrait, se disposait à se retirer dans son appartement solitaire; car le chef de la famille, absent depuis plusieurs mois, combattait en Irlande sous la bannière de la reine Elisabeth. Depuis le matin le temps était à l'orage; la pluie commença à tomber, le vent à siffler et notre vieille girouette à se plaindre sous l'effort de la rafale.

« On n'attendait personne au château; cependant on sonna tout-à-coup de la trompe à la porte. Chacun prêta l'oreille. Puis on se regarda avec surprise. Un valet alla jusqu'au guichet et tenta de voir qui se présentait à cette heure avancée. La nuit était si obscure qu'il ne distingua rien; mais il entendit les hennissements de plusieurs chevaux et le murmure de voix nombreuses.

« — Qui va là? — cria-t-il.

« — Ho! hé! — baissez le pont et ouvrez.

« — Mais.., — voulut objecter le serviteur.

« — Ouvrez! — dit une voix impérieuse, au nom de la Reine!.. Va-t-on nous laisser morfondre dans cette pluie, au milieu du vent et de l'obscurité?

« Il fallut en référer à ma bisaïeule. Après de longs pourparlers entre les gens du dedans et ceux du dehors, on convint que le pont-levis serait baissé, mais qu'on n'ouvrirait la porte du château qu'après avoir pris connaissance de la commission du chef de la troupe. La précaution était raisonnable : dans ces temps de troubles et de discordes civiles, il n'était point rare de voir d'audacieux routiers s'introduire, soit par la ruse, soit par la force dans les habitations seigneuriales dont ils savaient les chefs absents.

« La commission du capitaine était parfaitement en règle. C'était un ordre signé d'Elisabeth elle-même, et revêtu du grand sceau de l'Etat, invitant tous les féaux, sujets et vassaux de S. M., à qui réquisition en serait faite, à recevoir et héberger avec considération le capitaine, ses gens et la noble personne qu'ils accompagnaient.

« On ouvrit.

« La troupe ne comptait pas moins de cinquante cavaliers qui pénétrèrent dans le château en se pressant autour d'une voiture attelée de quatre forts chevaux. La porte une fois refermée, une femme de haute taille, entièrement vêtue de noir, comme si elle eût porté le deuil de toutes ses espérances, le visage recouvert d'un long voile, descendit de la voiture avec l'aide du capitaine qui maugréait contre la pluie, contre la nuit, contre les chemins défoncés, contre toutes les causes enfin pour lesquelles il s'était égaré dans sa marche. La dame voilée s'avança gravement vers la salle commune, sur le seuil de laquelle l'attendait ma bisaïeule.

« Il y avait un si grand air de dignité dans toute sa personne que la châtelaine de Speke en fut frappée. On échangea quelques paroles de politesse, puis l'inconnue écarta son voile.

« Elle était excessivement pâle, mais aussi extrêmement belle. Ma bisaïeule allait peut-être demander le nom de la noble personne à qui elle avait l'honneur de donner l'hospitalité, lorsqu'une des suivantes de l'inconnue adressa cette question à sa maîtresse :

« — Votre Majesté veut-elle quitter sa pelisse ?

« — Est-ce possible ! s'écria ma bisaïeule en fléchissant le genou.

« — Oh ! relevez-vous, madame; cet hommage pourrait vous compromettre... relevez-vous : Marie d'Ecosse n'est plus qu'une pauvre captive. Celle qui a porté deux couronnes royales, n'a maintenant droit qu'aux respects qu'inspire celle du malheur, devant laquelle il n'est guère accoutumé qu'on s'incline...

« Mais en même temps qu'elle prononçait ces paroles, accompagnées d'un sourire plein d'amertume et de mélancolie, Marie tendit avec une grâce souveraine sa belle main à la châtelaine de Speke qui la baisa respectueusement.

« Tous les serviteurs s'étaient découverts et restaient immobiles de surprise.

« La reine traversa leur double haie pour gagner cette chambre qui lui était destinée. Ma bisaïeule la précédait, accompagnée de deux pages portant des flambeaux. Ses femmes la suivaient munies de divers objets de toilette retirés de la voiture; puis venait le capitaine suivi de deux soldats qui fermaient la marche.

« Comme ma bisaïeule se retirait après avoir accompli toutes les formalités du cérémonial usité en pareille occasion, elle vit que les deux soldats avaient été placés en faction dans la galerie vitrée et elle entendait la voix du chef qui disait :

« — Trois hommes veilleront sous les fenêtres de la

Reine. On aura également soin de garder les issues du château et de tenir deux chevaux sellés.

« — Pauvre femme ! soupira-t-elle.

« Pendant ce temps, Marie, accablée par la fatigue et le chagrin, s'était laissée tomber sur un siège. Bientôt elle s'arracha à cet affaissement du corps et de la pensée pour aller s'agenouiller devant le prie-Dieu. Elle resta longtemps abîmée dans une méditation profonde, les yeux fixés sur les versets de cette Bible où l'on eût dit qu'elle cherchait à puiser des forces et de la résignation. Lorsqu'elle se releva, ses femmes procédèrent silencieusement à la toilette de nuit. Ayant couché la reine, elles lui demandèrent ses derniers ordres, puis se retirèrent dans la pièce voisine qu'on leur avait préparée à la hâte.

« Lorsque Marie se vit seule dans cette pièce, silencieuse comme une tombe, que la lueur vacillante d'une lampe placée près du lit éclairait à peine ; quand elle porta ses yeux sur les vieilles tapisseries à personnages dont étaient recouvertes les murailles ; quand enfin, du dehors, elle n'entendit d'autres bruits que le mouvement sec et cadencé de la grosse horloge, les grincements saccadés de la girouette, les ricanements moqueurs et plaintifs de la bise auxquels se mêlaient les pas sourds des sentinelles, elle eut une défaillance de cœur.

« — Comme je suis seule ! — pensa-t-elle ; — quelle complet abandon ! De tout ce qui m'entourait, m'aimait, m'adulait !... Rien ! rien !.. Oh ! je le vois : tout est dit ; l'espérance est morte, et me voilà bien au pouvoir de cette femme implacable !... Seigneur, ayez pitié de moi !..... Quelle expiation ! — ajouta-t-elle après une longue pause.

« Puis, peu à peu, sous l'empire de ces désespérantes idées, elle tomba dans une sorte de somnolence agitée, état étrange de l'âme, qui participait à la fois de la veille et du sommeil, sans être ni l'un ni l'autre.

« Alors, ainsi appesantie de corps, mais active de pensée, elle rêva ou crut rêver, car nul ne sait si ce fut une vision ou un rêve...................................

« .... Il lui sembla que le jour penchait vers son déclin. Elle se trouvait toujours dans cette même chambre ; seulement au lieu d'être couchée, elle était assise, près de la fenêtre où pénétraient les lueurs mourantes qui précèdent le crépuscule. Tournée du côté du lit, elle brodait au métier sans que les demi-ténèbres, dont elle se sentait enveloppée davantage d'instants en instants, nuisissent à ce travail qui lui était familier. Ses femmes groupées autour d'elle choisissaient sa laine, en appareillaient les couleurs ou remplissaient les fleurs qu'elle traçait avec l'aiguille. Insensiblement, soit insuffisance de lumière, soit effet naturel de la pente de ses pensées, sa main se ralentit, puis cessa entièrement d'agir. Sa tête, alourdie par le poids des souvenirs, s'inclina sur sa poitrine. Elle céda à un invincible besoin d'assoupissement et de rêverie.....

« Lorsqu'elle sortit de cette torpeur la nuit était venue. A peine les parties anguleuses de chaque meuble jetaient un faible éclat aux premiers rayons de la lune. Elle chercha autour d'elle et entrevit ses femmes agenouillées, en proie à une muette affliction, et le regard fixé vers la porte percée non loin du chevet du lit. Instinctivement ses yeux se portèrent dans cette même direction et furent frappés d'un spectacle aussi étrange qu'effrayant.

« Voici ce qu'elle vit :

« La tapisserie, soulevée comme par une main invisible, permettait à l'œil de distinguer, dans une lointaine et vaporeuse perspective, un espace où s'agitaient les milliers de tête d'une multitude muette, malgré ses mouvements ondulatoires. Toutes les attentions semblaient concentrées sur un seul point, et ce point était une sorte d'estrade sombre au centre de laquelle s'élevait un objet dont il lui fut impossible de définir la nature. Auprès de cet objet inconnu se tenait debout un homme enveloppé d'un manteau, et impassible comme la statue de la Fatalité.

« Sans se rendre compte de l'importance qu'elle attachait à cet homme et à toute la scène qui se préparait, Marie se sentit frissonnante, oppressée, inquiète.

« Tout-à-coup un grand mouvement s'opéra dans la foule de plus en plus attentive. Un nouveau personnage en était la cause. C'était l'apparition sur l'estrade d'une femme complètement voilée. L'homme au manteau toucha à la tête de cette femme et le voile tomba. Marie palpitante, frissonnante de terreur, attachait obstinément sa vue avide, épouvantée sur cette étrange fantasmagorie. Vainement ses pupilles dilatées essayaient de voir, de reconnaître le visage de cette femme, vainement pour y parvenir elle concentrait sur cet unique point toutes les puissances de son attention, il semblait qu'une volonté plus forte que son désir s'y opposât. Incapable de se laisser distraire de ce tableau si émouvant pour elle, sans qu'elle s'en expliquât les motifs, elle attendit avec une indicible anxiété l'issue de la scène qu'il représentait.

« Elle vit la femme tomber à genoux.

« L'homme au manteau fit un mouvement.

« Il y eut comme un frissonnement dans le flot humain qui battait le pied de l'estrade.

« Toutes les mains se levèrent, s'agitèrent en signe de supplication....

« Qu'allait-il se passer?...

« Son attention devint fiévreuse; elle retint son haleine....

« Mais peu à peu l'ombre envahit l'espace; l'espèce de brouillard à travers lequel elle percevait ce spectacle acquit plus de densité; chaque objet, chaque personnage se fondit et disparut.

« Elle ne vit plus rien.

« La tapisserie soulevée retomba et quatre chiffres lumineux brillèrent un moment à travers ses plis...

1-5-8-7-!...

« Puis tout redevint sombre.

« Marie alors reporta ses regards vers ses femmes pressées autour d'elle. Elles pleuraient et priaient. Elle vit les larmes qui sillonnaient leurs joues; elle distingua le mouvement précipité de leurs lèvres. Mais, ô saisissement! ô terreur! leurs vêtements étaiént tachés d'un sang frais et vermeil... les siens mêmes en portaient des traces.

« A cette vue, le cri longtemps comprimé dans sa poitrine s'en échappa terrible et retentissant.

« La vision s'évanouit.

« Marie s'éveilla couchée dans ce lit, baignée d'une sueur froide, en proie à l'épouvante. Elle prêta l'oreille...

« Rien que le mouvement de l'horloge, le grincement de la girouette, l'aboiement lointain des chiens et le pas des sentinelles.

« — Est-ce un rêve, est-ce une révélation, mon Dieu ?.. se demanda-t-elle.

« Elle sonna.

« Ses femmes accoururent avec des flambeaux.

« Les dernières impressions d'effroi se dissipèrent en elle. Elle voulut se lever. Alors elle se mit au prie-Dieu, renvoya les suivantes et passa le reste de la nuit dans la méditation et la prière.

« Le lendemain, lorsqu'elle quitta cette chambre, on remarqua que la Bible, que vous voyez-là, était ouverte au psaume XIII de David, où il est dit :

« *Eternel, jusques à quand m'oublieras-tu toujours?...*

« *Jusques à quand cacheras-tu ta face de moi?...*

« *Jusques à quand consulterai-je en moi-même et afflige*
« *rai-je mon cœur tout le jour?..*

« *Jusques à quand mon ennemi s'élèvera-t-il contre moi?..*

« *Eternel, mon Dieu! exauce-moi, éclaire mes yeux, de peur*
« *que je ne dorme du sommeil de la mort.* »

« Ces paroles du livre saint n'étaient-elles pas comme un écho de ses pensées?..

« De bonne heure la châtelaine de Speke se rendit auprès de la reine pour se mettre à sa disposition. Marie était déjà habillée. Elle l'accueillit avec sa grâce accoutumée. Elle était plus pâle encore que la veille.

« Il pouvait être sept heures.

« On descendit au salon où pénétraient les premières lueurs

pourprées de l'aurore qui, luttant contre la brume qu'elles dissipaient, faisaient augurer une journée plus riante que la précédente.

« Ma bisaïeule quitta sa royale commensale pour surveiller les apprêts du déjeûner. Pendant ce temps, Marie prit un luth posé sur un meuble et laissa errer distraitement ses doigts sur les cordes sonores. Bientôt rassérénée par l'aspect joyeux et plein de promesses de la nature à son réveil, elle mêla sa voix, encore empreinte de tristesse, aux accords de l'instrument, et la châtelaine qui rentrait, recueillit ces quelques vers dans lesquels se trahissait la mélancolie profonde de l'infortunée :

« Féaux amis, dont la voix complaisante
« En consolant fait rêver le bonheur,
« Ah ! parlez-moi de la patrie absente
« Son souvenir est si doux à mon cœur !... »

« Cette patrie qu'elle regrettait ainsi dans ses paroles, qu'elle pleurait ainsi dans l'amertume de son âme, était-ce la belle France, son berceau, qu'elle avait tant aimée?.. Etait-ce la rude Ecosse, si peuplée pour elle de pénibles souvenirs ?..

« On passa dans la salle à manger.

« La reine était à peine à table, que le capitaine de l'escorte entra et lui dit :

« — Madame, voici l'heure de partir. Oserais-je vous prier de vous hâter ?...

« A cette injonction, Marie offensée se leva comme mue par un ressort, non pour y obéir, mais pour y répondre en souveraine ; ses joues pâles se colorèrent, ses yeux prirent une indéfinissable expression de mépris hautain, ses lèvres serrées s'agitèrent... Sans doute elle allait parler... Une réflexion rapide comme l'éclair traversa son esprit et comprima ce premier mouvement de sa nature altière. Elle se rassit, et, après une pause de quelques instants, elle dit avec calme :

« — Il suffit, monsieur. Peu de minutes encore et je serai prête.

« Le capitaine sortit.

« — Oh ! madame, dit la châtelaine de Speke, cet homme a manqué au respect dû à V. M., en exprimant un désir qui ressemblait à un ordre.

« — Non... Il accomplit son devoir... J'ai failli éclater ; j'aurais eu tort. C'est que je ne suis pas habituée encore... Puis-je exiger des respects aujourd'hui ?... que suis-je ?.. Oh ! quand Dieu frappe les rois, sa main leur paraît plus pesante qu'aux autres mortels !.. Sans doute leurs crimes sont plus grands et appellent un châtiment plus terrible.

« — Le malheur a des droits sacrés...

« — Ces droits, il est dangereux de les reconnaître. Vous-même, madame, permettez-moi ce reproche... Votre empressement, vos respects pour moi sont une imprudence. La reine d'Angleterre voit d'un œil défavorable ceux qui traitent bien ses ennemis.

« — La reine ne saurait être à ce point injuste. Mais le fût-elle qu'avant sa volonté, il y a celle de Dieu. Si Sa Majesté dit : « Que mes ennemis soient les vôtres ; frappez ceux que j'ai renversés... » Le Seigneur a dit : « N'accablez point les faibles pliés sous le vent de ma colère. »

« — Vous êtes une noble créature ! jamais je ne vous oublierai, — dit Marie, — et si nous nous retrouvons dans de meilleures circonstances, ne me traitez plus en reine, mais en amie. Votre main.

« Puis, elle interrogea affectueusement ma digne bisaïeule, lui témoigna une grande bonté ; enfin, elle en vint à lui faire la confidence de son rêve de la nuit.

« Elle achevait ce récit, lorsque le capitaine reparut sur le seuil. Marie ne lui laissa point le temps de parler, elle se leva et dit :

« — Je suis prête : partons !..

« La châtelaine l'accompagna jusqu'à la voiture.

« Au moment d'y monter, Marie s'arrêta :

« — Je ne vous laisserai donc aucun souvenir de mon rapide passage ? — dit-elle.

« — Oh ! celui de vos bontés ; il est gravé là.

« — Vous direz que les reines sont oublieuses ; ne les accusez pas toutes. Il en est qui se souviennent toujours lorsque c'est leur cœur qui reçoit.

« Elle chercha autour d'elle, et ne trouvant rien à offrir :

« — Je suis bien pauvre ! soupira-t-elle.

« — Cette fleur !.. — dit ma bisaïeule en désignant une rose que Marie venait de cueillir.

« — Oh ! tenez !.. conservez-la et souvenez-vous...

« — Toujours, madame !

« Et la châtelaine s'inclinant prit la fleur et baisa la main qui la lui donnait.

« La reine avait pris place dans la voiture avec ses femmes ; les chevaux de l'escorte piaffaient d'impatience ; le pont-levis était baissé...

« On partit.

« Une dernière fois Marie se pencha par la portière, agita son mouchoir et cria d'une voix émue :

« — Priez pour moi, sainte femme !...

« La voiture et l'escorte disparurent au tournant.

« Ma bisaïeule, regagnant lentement ses appartements, se demanda comme avait fait l'infortunée captive :

« — Est-ce un rêve ?.................................

.... »

Notre hôte ayant achevé son récit, nous montra quelques débris de feuilles, séchés, d'un jaune bistré, mais précieusement conservés dans une boîte de cristal à monture d'or ciselé.

— Voici la rose !.. — dit-il.........................

....

Je dois dire que cette anecdote, écoutée religieusement par nos amis, eut du succès. On but une rasade de champagne à la mémoire de la dame d'Epernay, Marie Stuart.

Comme notre repas s'achevait en même temps que mon récit, nous nous levâmes de table et passâmes au salon où le café et les liqueurs nous attendaient.

Il était bien près de deux heures quand nous partîmes pour aller faire notre visite au château. Nous fûmes, en quelque sorte, obligés de faire violence à Victor qui se montrait fort peu empressé de s'éloigner des bouteilles de formes excentriques où étincelaient, comme des rubis ou des émeraudes, les liqueurs les plus variées, distillées dans toutes les parties du monde.

Une fois que nous eûmes traversé la grande rue du village, sous le feu croisé des regards curieux de tous les habitants assis à leurs portes dans leurs plus somptueux atours, nous atteignimes une délicieuse avenue, bordée d'arbres séculaires, formant une voûte de verdure inondée de fraîcheur.

C'est là que nous rappelâmes à Victor, encore boudeur de ce que nous l'avions enlevé à la dégustation des fines liqueurs qui servaient d'appendice au café, sa promesse de reprendre l'histoire de Louise Foubert. Comme il était maussade, il se fit un peu prier. Pourtant il lui fallut se soumettre.

Il reprit sa gravité de circonstance et s'exprima de la sorte :

VIII.

L'évanouissement de Louise fut long.

Lorsque la pauvre enfant revint à elle, la nuit était fermée. Elle éprouvait un sentiment de fraîcheur pénétrante et bienfaisante à la fois, qui ranimait toutes les fibres assoupies de son être. Sa poitrine se dilata sous les limpides effluves d'un air pur; ses yeux appesantis, s'entrouvrirent lentement, sans rien distinguer d'abord dans l'ombre dont elle était enveloppée. Peu à peu, comme l'action physique se dégageait de l'engourdissement qui l'avait paralysée, le jeu des organes de l'intelligence vainquit la léthargie pesante.

Louise s'aperçut bien qu'elle était toujours dans la forêt, qu'un bras la soutenait, qu'une main amie humectait ses tempes et ses narines avec une eau fraîche; mais elle ne vit pas la personne qui lui prodiguait ces marques d'intérêt. Etait-ce Martial?... Etait-ce quelque femme de la colonie exilée?... Elle ne put éclaircir ces doutes : l'obscurité était trop épaisse pour qu'il fût possible de distinguer, et Louise n'avait point encore recouvré assez de forces pour formuler les questions qui se présentaient à son cerveau. Une chose la rassurait : ce ne pouvaient être ses ravisseurs qui lui donnaient des soins aussi délicats qu'affectueux.

Que s'était-il donc passé ?...

Une foule de nouvelles réflexions envahirent son esprit ; puis toutes les premières incertitudes du réveil se fondirent dans une muette prière pour le Ciel, dont elle avait un moment douté.

Enfin, la vie circulant plus rapidement en elle, Louise put se tourner du côté de la personne qui l'assistait : elle n'entrevit qu'une silhouette sombre, à peine dessinée sur l'obscur rideau d'arbres.

— Qui êtes-vous, ? — demanda-t-elle.

Une exclamation de joie répondit seule.

Louise répéta sa question, en faisant un mouvement pour se soulever; car il lui semblait que c'était une voix d'homme dont le timbre venait de frapper son oreille.

— Je suis un ami ; soyez sans crainte : nul danger ne vous menace plus, — repartit cette voix, tandis que le bras qui soutenait Louise se rapprocha pour la retenir.

— Oh ! qui êtes-vous, de grâce ?

— Celui qui vous a sauvé.

— Oh ! merci!.. mais je me sens mieux... laissez-moi !

— Pas encore... après une secousse pareille.

Il y avait un tel mélange d'intérêt, de bonté, de douceur

dans l'accent de celui qui parlait, que la jeune fille se sentit un peu rassurée.

— Votre nom ? — dit-elle.

— Vous ne me connaissez pas.

— N'êtes-vous point de ce pays ?

— Je suis étranger.

A ces mots, Louise se dégagea brusquement et se leva, cherchant à pénétrer dans la profondeur de l'ombre, afin de voir les traits de celui qui parlait.

Comme si ses incertitudes eussent atteint leur terme, les nuages s'écartèrent devant un souffle de vent, et un rayon de lune vint éclairer une partie de la scène.

Alors les yeux de Louise s'arrêtèrent avec une indicible stupéfaction sur un jeune homme blond, pâle, mélancolique, encore à genoux à la même place, où, peu d'instants auparavant, il la soutenait. Il portait un uniforme étranger ; seulement, à son épée et à quelques broderies de l'habit, il était aisé de reconnaître un chef.

Louise fit un mouvement en arrière et faillit tomber, parce que, faible encore, elle heurta du pied contre un obstacle. Cet obstacle était le corps d'un des trois Cosaques, aux mains desquels elle était tombée. Une plaie profonde à la tête, laissait échapper un sang noir qui se répandait en abondance sur l'herbe.

Si cette vue inspira à Louise une sorte de terreur, elle lui apprit la nature de la scène qui s'était accomplie, tandis qu'elle était sans connaissance.

— Oh ! je comprends ! dit-elle en regardant l'officier.

Celui-ci s'était relevé. Il prit la main que, dans un élan de reconnaissance, lui tendait Louise.

— Un cri que vous avez poussé dans votre détresse m'a amené ici, — dit-il simplement, — j'ai été assez heureux pour arriver à temps...

Louise baissa les yeux.

Il continua :

— Mon premier soin a été de vous rappeler à la vie : il ne me reste plus qu'à vous demander où vous désirez que je vous conduise ?

— Auprès de mon père et de Martial.

— Martial !... c'est votre frère, sans doute ?...

— C'est mon fiancé.

Un léger nuage rembrunit le front du jeune officier ; cependant il répondit :

— Où trouverons-nous votre père, mademoiselle ?...

Cette question, si naturelle, embarrassa Louise au-delà de toute idée. En effet, répondre, c'était livrer à un ennemi, généreux il est vrai, mais qu'elle connaissait à peine, le secret de la retraite de ses amis, et ce secret n'était pas le sien.

Le jeune homme remarqua son hésitation.

— Redoutez-vous quelque chose de moi ? — fit-il.

— Pour moi ? non, monsieur ; car je serais injuste.

— Pour qui, alors ?

— Pour les miens, qui sont vos ennemis ; pour vous, qui êtes le leur.

Elle réfléchit un moment.

— Venez, — ajouta-t-elle, comme si elle eût pris une résolution soudaine.

Et, s'appuyant au bras du jeune homme, elle le conduisit dans la direction de la carrière.

Chemin faisant, Louise Foubert considéra, avec une sorte de satisfaction inquiète, son jeune protecteur. Il ne dépassait point vingt-huit ans, et parlait le français avec une grande pureté d'accent ; son attitude était calme, digne, ses manières empreintes de distinction.

Pourquoi, en faisant ces remarques à la dérobée, la joie vague et craintive de Louise? pourquoi son cœur palpitait-il sous la pression du bras du jeune homme?...

Peut-être ces mouvements secrets disaient-ils qu'elle venait d'atteindre l'heure indiquée à chaque être par la nature : heure radieuse où l'incertain des sensations commence à prendre un caractère marqué, à revêtir une forme sous l'éclair d'un regard, à un mot, à un son de voix. Peut-être, à son insu encore, s'opérait en elle cette mystérieuse métamorphose, réveil plein d'étonnements inexprimables, d'inquiétudes indicibles, qu'on pourrait appeler l'éclosion du cœur.

On causa tout en cheminant.

Louise, en réponse aux questions de son libérateur, raconta comment elle s'était égarée, et la scène qui avait suivi sa rencontre avec les Cosaques.

De son côté, elle apprit que le jeune homme s'appelait M. de Lorsdow ; qu'il était au service de la Russie; que des déceptions, dont il n'expliquait pas la nature, l'avaient de bonne heure éprouvé en frappant sa famille, et qu'il avait entrepris la campagne avec l'espoir de se faire tuer.

— Quelle pensée coupable ! — soupira Louise.

— Oh ! maintenant, il me semble que je ne songe plus autant à mourir ! répliqua l'officier en souriant.

A cette sortie, Louise rougit, se troubla sans qu'elle s'en expliquât la cause. On eût dit que les paroles du jeune homme contenaient un aveu qui l'embarrassait à entendre.

Heureusement on venait de s'engager dans un sentier touffu, où la lune laissait à peine pénétrer quelques rayons.

Pourquoi encore ce trouble ?...

Au bout d'une demi-heure de cette marche à travers les sinuosités du bois, marche que Louise eût voulu précipiter en songeant aux inquiétudes de son père, aux angoisses de Martial, mais que le jeune homme ralentissait comme à plaisir, ils atteignirent un endroit découvert à peine éloigné d'une centaine de pas de l'ouverture du souterrain.

Louise s'arrêta ; et, dégageant son bras de celui de M. de Lorsdow :

— Il faut nous séparer, — dit-elle.

— Ici ?

— Oui, monsieur.

— Dans le milieu de ce bois ?...

Elle ne répondit point.

Le jeune homme comprit qu'elle avait un motif pour ne pas consentir à ce qu'il l'accompagnât plus loin ; il n'insista pas davantage.

— Au moins vous reverrai-je ? demanda-t-il.

— Non. Oh ! non ! murmura doucement Louise.

— Quoi ! est-ce possible ! Vous aurez passé dans ma vie comme une consolante vision, comme un rêve ?... oh ! ce rêve est trop charmant pour que je me résigne ainsi à ne pas le recommencer.

— Monsieur, — dit sérieusement la jeune fille, dont la voix avait l'accent d'une prière, — vous m'avez arraché à un péril si réel, que ma vie serait bien peu de chose s'il s'agissait pour moi de payer un tel service. Ma reconnaissance vous est acquise. Mais j'ai besoin de vous le dire : mes frères sont tous morts en combattant contre vous ; mon père hait votre nation ; les gens au milieu desquels je vis sont également vos ennemis, et moi-même, enfin, si la reconnaissance que je vous dois ne contrebalançait la nature des sentiments qui me sont commandés par le devoir, je devrais...

— N'achevez pas.

— Au moins, dois-je vous fuir... tout me le commande, tout m'y engage.

— Mademoiselle....

— Croyez-vous que je puisse dignement transgresser les volontés de mon père, et, en lui désobéissant, braver les reproches de ma conscience?... Vous désirez me revoir ? hélas ! dans quel but ?

— Parce que je sens en vous une âme noble et simple, parce que, vivant au milieu de soldats grossiers, de compagnons dissolus, moi qui suis seul en ce monde, il me semble que je trouverais une sœur, une amie dont la voix cicatriserait bien des blessures de mon âme, et dont la présence comblerait le vide profond de mon isolement.

Louise était émue, tremblante ; quelques larmes vinrent mouiller ses yeux, elle eut un instant d'hésitation.

Comme il insistait.

— Non, dit-elle résolument, ce serait m'engager à trahir mon devoir, à mentir à mon père, à Martial ; je ne le puis.

Il lui parla longtemps encore, essayant d'ébranler cette résolution de la pauvre enfant.

— Tenez, monsieur, — interrompit-elle vivement, en proie à une indicible émotion, — je ne suis qu'une pauvre fille sans force, sans éloquence pour vous persuader ; je ne puis que m'inspirer du sentiment de mes devoirs et vous dire : ne me pressez pas... laissez-moi... oubliez cette soirée.... moi, je ne l'oublierai pas ! Vous êtes un honnête homme, je le crois ; vous m'avez sauvée.... merci ! Voici ma main ; serrez-là dans les vôtres et dites-moi adieu, adieu pour toujours !...

— Ainsi vous refusez ?

— Je refuse. Vous êtes noble et bon : vous comprenez bien qu'il ne convient pas à une jeune fille de ma condition de renouveler de semblables entrevues lorsqu'elles ne sont point amenées par le hasard. D'ailleurs, je tremble, rien qu'à cette pensée ; mon père est inflexible ; son ressentiment l'aveugle peut-être, quoiqu'il soit légitime ; savez-vous que, s'il vous rencontrait près de sa fille, il vous tuerait !

— Que m'importe.

— Monsieur, — dit Louise d'un ton de reproche, il est possible que la mort, que vous avez souvent bravée, recherchée même, vous effraie peu ; mais moi, je ne veux pas d'un éternel remords, je ne veux pas que mon cœur ait à redouter un péril, dont je serais la cause, pour celui à qui je dois l'honneur et la vie.

— Voilà donc votre dernière parole ?

— Oui... répondit la jeune fille, dont la voix s'altéra légèrement en prononçant ce mot.

— Adieu, mademoiselle.

— Adieu et merci encore, monsieur.

Louise, dégageant sa main, s'élança et disparut par un sentier qui conduisait à la crypte.

Je ne m'étendrai point sur l'état de désolation dans lequel Louise retrouva les siens. Je ne dirai rien de la joie du père Foubert ni de l'ivresse immodérée de Martial en la revoyant saine et sauve, après l'avoir crue perdue, tombée aux mains impitoyables des Russes. Ces sentiments sont faciles à concevoir.

Après les premiers moments donnés à l'expansion, vinrent les questions. Louise n'avait jamais menti. Comment se fit-il qu'elle se trouva embarrassée d'expliquer son absence si prolongée ? Cependant les interrogations devenaient plus pressantes, il fallait se résoudre. La vérité l'effrayait à dire. Elle répondit en balbutiant, qu'ayant aperçu quelques soldats étrangers, elle avait fui longtemps pour les éviter, et s'était ainsi engagée dans une partie du bois qu'elle ne connaissait point. Du chevalier, pas un mot. On la crut. Le bonheur rend facile et confiant. On mit sur le compte de la fatigue, l'espèce d'émotion fébrile qui se décelait dans sa voix et sur ses traits. Etait-il possible, au surplus, à la loyale nature de Martial et du père Foubert de suspecter la véracité de la jeune fille qu'ils adoraient, et que, jusques-là, ils savaient incapable de dissimuler.

Louise, livrée aux souvenirs de la soirée, s'accusant d'avoir trompé son père et son fiancé, ne dormit pas de la nuit. Plusieurs fois elle eut la pensée d'aller trouver Foubert, de lui tout dire ; car elle s'étonnait d'avoir célé une partie de la vérité, sans pouvoir se rendre compte du sentiment qui l'avait poussé à cette action. Mais chaque fois qu'elle se levait pour réaliser ce projet, inspiré par l'honnêteté de son cœur, une crainte inconnue la rappelait sur sa couche qu'elle mouillait de larmes silencieuses.

Plusieurs jours se passèrent au milieu de ces alternatives pénibles sans qu'elle songeât à sortir.

Un matin pourtant, cédant comme malgré elle à un besoin inconnu qui la saisit de revoir la partie des bois qu'elle avait parcourue avec M. de Lorsdow, Louise quitta la crypte où sa santé s'altérait. Son trouble fut extrême de retrouver l'officier à la même place où elle l'avait laissé.

Les premiers moments de cette rencontre furent partagés entre la confusion de la pauvre enfant et la joie du jeune homme. Effrayée, elle tenta de fuir ; il la retint. Ces premières impressions firent bientôt place à d'autres. Ne les avez-vous pas devinées ? Ai-je besoin de vous les dire ? Ils étaient jeunes tous deux, ils étaient beaux... ils s'aimèrent, ils s'en firent l'aveu. Quoi de plus simple, de plus naturel ? Les entrevues fortuites dégénérèrent en rendez-vous.

Trois semaines s'écoulèrent ainsi, durant lesquelles se développa et acquit un haut degré de puissance ce sentiment mutuel qui acquérait un plus grand charme du mystère, semblable, en cela, à ces fleurs discrètes, dont le parfum est plus pénétrant, parce qu'elles s'épanouissent à l'ombre des bois.

Tout un monde de sensations nouvelles s'était éveillé et rayonnait dans l'âme virginale de Louise, jusqu'ici livrée aux vagues de l'incertitude. On eût dit qu'un souffle amoureux, en passant sur son cœur, l'avait fécondé ; il semblait qu'un voile tendu en elle, se déchirant tout-à-coup, lui laissait entrevoir jusqu'au fond de ses pensées nouvellement écloses.

Louise avait-elle bien conscience de ce qui se passait dans son âme ?.. Oubliait-elle que ce brillant officier appartenait à une nation ennemie de la sienne, et sous les coups de laquelle ses frères étaient tombés ? Oubliait-elle la haine implacable de son père contre les Russes ? Ignorait-elle, l'imprudente, qu'une infranchissable distance la séparait de M. de Lorsdow ?... Non, Louise n'oubliait aucune de ces considérations ; mais la reconnaissance était vive en elle ; mais le besoin de vengeance ne saurait avoir des racines profondes dans un jeune cœur ; mais enfin, elle n'espérait rien, ne désirait rien, ne demandait rien ! L'avenir, elle n'y songeait pas. Elle savourait le présent avec ses appréhensions, ses inquiétudes... Elle aimait ! Fermant les yeux, comme ces voyageurs qui se sentent entraînés vers un abîme, et ne veulent pas sonder l'immensité de la chute qu'ils vont faire, elle s'abandonnait mollement à la pente douce et facile du sentiment nouveau qui la berçait. Les cœurs saisis de cette éblouissante ivresse, de cet irrésistible vertige, se purifient. Libres de colère comme d'ambition et de terreurs réelles, ils acquièrent une supériorité qui les élève au-dessus de toutes les idées vulgaires. Il semble qu'ils planent dans des sphères plus rapprochées du ciel. L'amour n'est-il pas comme le pressentiment d'une autre vie ; comme la première région où flottent les âmes, avant d'atteindre leur séjour de lumière constante et d'éternelle félicité ?...

On pourrait trouver surprenant que le gentilhomme russe

se fût épris d'une passion pour une pauvre fille, née de parents obscurs, élevée dans un milieu si simple et tellement peu en harmonie avec le monde aristocratique où il avait toujours vécu. N'oublions pas que Louise avait reçu de la nature deux dons qui dominent tous les avantages de la naissance :

Une beauté exceptionnelle qu'animait une physionomie pleine de charme et de distinction, et une intelligence que le hasard ou plutôt des circonstances malheureuses avaient permis de cultiver. Ainsi que je l'ai dit précédemment, pendant les dernières années de la maladie de sa mère, elle avait habité Reims, chez une de ses parentes, assez riche pour prendre soin de son éducation. Je répéterai aussi, qu'étant la seule fille de la famille, on l'avait constamment entourée d'attentions, tant à cause de son sexe, qu'en raison de sa délicatesse maladive. Jamais ses mains n'avaient été soumises à la rude épreuve des travaux domestiques. Louise était une nature fine, frêle, gracieuse ; aussi les filles du village, un peu par compassion de sa faiblesse, beaucoup par jalousie des priviléges qu'elle lui valait, la nommaient-elles ironiquement *la demoiselle !*

Ces considérations admises, on comprendra sans peine que la distance ostensible entre M. de Lorsdow et la fille du père Foubert, pût être oubliée. Restait la question des préjugés, c'est vrai ; mais elle se simplifie beaucoup devant l'impérieuse voix du cœur. A vingt-cinq ans, de quelque sang qu'on soit issu, on oublie un peu ses aïeux, lorsque de beaux yeux vous sollicitent à d'autres satisfactions. D'ailleurs l'amour, le moins aristocratique des sentiments, est fécond en miracles.

— Louise, — dit un jour le jeune officier, — aussitôt que la guerre sera finie, que les nations auront réglé leurs intérêts, nous nous préoccuperons sérieusement des nôtres.

— Comment cela ?

— J'irai trouver votre père, je lui dirai dans quelles circonstances nous nous sommes connus ; il saura que nous nous aimons et ne pourra me refuser votre main.

— Y songez-vous, Henri... m'épouser... moi ?... Votre famille...

— Je n'en ai plus.

— Mon père refusera.

— Le croyez-vous ?... Hé bien ! s'il le faut, je quitterai le service : je suis riche ; je dirai à votre père — et cela est vrai, — que, faisant partie d'un corps de réserve, je n'ai pris, jusqu'à présent, aucune part active à cette malheureuse guerre, dans laquelle le sang de ses fils a été répandu ; que je ne suis point son ennemi et que je désire remplacer dans son cœur un des enfants qu'il a perdus.

— Rien qu'à cette idée, je tremble !

Louise ne croyait pas que l'éloquence de M. de Lorsdow fût assez persuasive pour vaincre le ressentiment du père Foubert. Cependant, comme l'amour ne sait guère résister aux arguments de l'amour, peu à peu elle se laissa convaincre par l'accent chaleureux du jeune homme. Elle sourit à ses projets, à ses espérances et finit presque par s'y associer timidement. Lorsqu'il lui répétait :

— Vous serez ma femme, Louise.

Elle murmurait les yeux humides de bonheur :

— Est-ce que c'est possible ?... Quelle folie ! oh ! non, non, restons amis, frère et sœur, rien de plus.

Puis c'étaient de longues heures passées en causeries pleines de riens et cependant remplies de charmes.

— Voyez-vous, Louise, une fois mariés, nous irons nous ensevelir dans quelque retraite bien cachée ; et là, nous nous aimerons... Quelle existence !

— Quoi ! — exclama un jour la jeune fille, — vous pourriez renoncer au monde !

— Avec joie.

— Pour moi, élevée loin du bruit, dans la solitude des champs, dans le calme de la vie rustique, ce serait un bonheur de continuer à vivre ainsi... mais vous ? vous, Henri, dont la jeunesse s'est formée au milieu des salons, pourriez-vous de même vous résigner au repos ?...

— Oui, — dit Lorsdow avec une singulière animation, oui, parce que j'exècre ce monde qui a eu une si fatale influence sur la destinée de ma famille, sur la mienne. Oh ! Louise, douce et sainte fille, vous ignorez, dans l'innocence de votre cœur, ce que c'est que ce monde dont vous parlez en souriant. C'est un immense égoïste, un vampire à l'œil plein de caresses, à la lèvre souriante, au cœur rempli de fiel, qui aspire tout, dévore tout, flétrit tout ! qui prend à l'un sa jeunesse, à l'autre sa beauté ; à celle-ci sa vertu, à celui-là ses vices mêmes ; qui sacrifie à ses plaisirs le talent, le génie, les plus saintes croyances ; qui flatte, mais aussi qui déchire ; qui veut que chacun lui livre un lambeau de son être, une goutte de son essence : qui, sa réputation, faite par son caprice ; qui, sa dignité ; qui, son bonheur ; qui, sa foi ; qui, son sang ; qui, ses larmes !... et de ce faisceau des vitalités humaines fait une proie à ses moqueries, à ses colères, à ses insatiables désirs. Oh ! le monde ! puissiez-vous,

Louise, ne jamais le connaître!... Il est peu de gens qui ne le recherchent; il en est davantage encore qui le maudissent. Comme il ne peut se passer de personne, qui oserait dire, au sein de nos villes, qu'il peut se soustraire à son despotique empire?... Car s'il demande des sacrifices, il dispense aussi des couronnes : aux uns, celle de la gloire; aux autres, celle de la puissance; au plus grand nombre, celle du martyr; à aucun, celle du bonheur!...

— Ami! — dit tristement Louise, — vous avez donc bien souffert?...

Le jeune officier leva les yeux au ciel, comme pour le prendre à témoin, et ces paroles vinrent expirer sur ses lèvres :

— Dieu le sait!

— Me confierez-vous un jour le secret de vos tristesses?

Il resta songeur pendant quelques minutes.

— Non! jamais! — dit-il enfin. — A quoi bon alarmer votre âme et l'emplir de confidences pénibles. Ce que je puis vous dire seulement, Louise, c'est que ce monde dont je viens de vous parler avec tant d'amertume... il a tué ma mère, et m'a fait orphelin!...

M. de Lorsdow, en proie à un souvenir déchirant, se tourna pour dissimuler son émotion.

— Ami, du courage! dit Louise de sa voix la plus douce en saisissant la main du jeune homme.

Cette conversation avait remué tout un flot de cruelles pensées dans le cœur de M. de Lorsdow. Leur confiance à tous deux dans l'avenir en parut altérée. Aussi, ce jour-là, se séparèrent-ils avec plus de regret que de coutume, et comme sous l'impression d'un sombre pressentiment.

IX.

Sur ces entrefaites, Louise tomba malade. La surexcitation, produite dans une organisation aussi nerveuse par tant d'incidents imprévus, fut la cause de cette indisposition qui n'eut, du reste, aucun caractère alarmant. Tant que dura cet état, force fut à la jeune fille de rester confinée ; et sortir, c'est-à-dire voir M. de Lorsdow, était devenu pour elle un impérieux besoin. Pourtant le moment arriva, où ayant retrouvé assez de forces, elle se disposa à rejoindre celui qui devait l'attendre, à parcourir avec lui ces bois, peuplés de son amour, et où s'étaient écoulées les plus douces heures de sa vie.

— J'étouffe ici, l'air me manque, j'ai besoin de respirer, dit-elle un jour à son père.

— Prends garde, petite!... tu sors bien souvent, et je crains qu'il ne t'arrive malheur. Une mauvaise rencontre est bientôt faite. Les Russes s'aventurent souvent à rôder dans nos bois.

— Bah! père, que craignez-vous?..

— Suffit! je m'entends! — répliqua le vieillard en hochant la tête d'un air significatif. Il ne me reste que toi au monde, ne t'en souviens-tu pas?..

— Je m'en souviens; aussi serai-je prudente. Vous savez que je ne m'éloigne jamais du cercle où nos compagnons vont chercher du fourrage et de l'herbe pour les bestiaux.

— Est-ce bien vrai?..

Au lieu de répondre, Louise, voyant l'éclair de bonne humeur qui glissait sur le front du vieillard, eut l'idée de lui tout avouer. Un instant elle hésita. Une lutte se livrait entre la franchise naturelle de son caractère et le danger de révéler son secret. Cette dernière crainte l'emporta.

— Plus tard, — dit-elle en souriant, je vous confierai quelque chose.

— Oh! oh! des secrets! — fit le vigneron sans attacher la moindre importance aux paroles de sa fille.

— Bien grands...

— Tête de fillette, va! tu es toute pleine de rêvasseries! viens m'embrasser.

Puis, le père Foubert retomba dans l'espèce de tristesse morne qui le dominait depuis la mort de ses fils.

Le lendemain, Louise était levée dès l'aube. Après le repas, Martial la vit se diriger vers la sortie de la carrière; il lui dit:

— Louise, je comprends que cette vie commune vous pèse et que vous ayez souvent envie de vous y soustraire;

mais, croyez-m'en, ne sortez pas seule. Je vais prendre ma carabine et je vous accompagnerai.

— A quoi bon? je ne m'éloignerai point. Seulement, après tous ces bruits qui bourdonnent continuellement à mes oreilles et fatiguent mon cerveau, j'ai besoin de solitude. Laissez-moi courir libre et seule.

— Vous le voulez, il le faut bien! dit avec un soupir le pauvre Martial, pour qui les désirs de Louise étaient des ordres.

A lui comme à son père, elle dit d'un ton caressant :

— Je serai prudente.

— N'importe! — grommela à part lui Martial, — je la suivrai sans qu'elle s'en doute.

Et il alla décrocher sa carabine.

Louise venait d'embrasser son père, elle avait gagné une des issues de la crypte et elle se disposait à la franchir.

Tout-à-coup un grand tumulte, provenant du dehors, quelque chose comme les éclats d'une lutte, la retint craintive dans le souterrain. Ce bruit allait en s'approchant. On distinguait des cris, des menaces, des imprécations. Plusieurs des fugitifs, attirés de ce côté, se précipitèrent à l'extérieur, car ils reconnaissaient la voix de quelques-uns des leurs qui, peu d'instants auparavant, étaient sortis pour l'approvisionnement de l'eau et du bois.

Blottie dans un coin, Louise attendait l'issue de cet incident. Les villageois rentrèrent précipitamment, entraînant avec eux un homme qui tentait, par de vigoureux efforts, de s'arracher à leurs étreintes.

— Il est pris, — disait l'un d'eux, — mais le scélérat

s'est bien défendu. Il a ouvert d'un coup de sabre la tête au père Ravelin, et a fièrement maltraité le garçon à Nicolas.

— Son compte sera bon ! — répondit un autre d'une voix sourde.

— Dame ! il peut s'attendre à çà ! — ajouta un troisième encore tout en désordre.

— Qu'est-ce donc ? — demanda Louise inquiète.

— Ah ! c'est vous, *la demoiselle !..* Vous n'avez donc pas vu ? Un diable d'officier de cosaques que Jean-Louis a surprisau moment où il cherchait à découvrir l'entrée de notre caverne. Il l'a tout bonnement empoigné : les autres amis sont accourus à son aide, et ma fine ! après une chaude résistance de ce coquin-là, on l'a désarmé... pust ! le voilà à nous ; il a beau regimber c'est tout de même.

— Que va-t-on lui faire, mon Dieu ?

— Hé ! hé ! çà me paraît ben clair. Je ne voudrais point être dans sa peau, tant seulement pour un carré de vignes de la côte des Crayons. Il paiera pour les autres ! çà me paraît juste, n'est-ce pas, princesse ? et çà sera encore un gueux de moins !

La jeune fille, mue par un fatal pressentiment, n'écouta point les derniers mots du paysan. Rapide comme un trait, elle s'élança vers le groupe tumultueux, y pénétra malgré tous les obstacles, et jeta un coup d'œil sur le prisonnier.

C'était Henri de Lorsdow.

Louise se sentit faiblir, chanceler. Elle porta vivement ses deux mains à sa bouche pour y étouffer au passage le cri désespéré qu'elle avait été impuissante à retenir.

Un paysan la repoussa rudement en disant :

— Aussi, pourquoi vous faites-vous marcher sur les pieds? Quand on est curieuse, il faut mettre des sabots, mordienne!..

Elle n'entendit pas, ne répondit pas; elle suivit machinalement le groupe, auquel sa vie semblait attachée tout entière, jusque dans les profondeurs de la crypte, où les fugitifs affluaient par toutes les avenues pour voir l'ennemi tombé entre leurs mains.

Elle vit ces hommes, bons d'ordinaire sous la rudesse de leur écorce, devenus féroces à force de souffrir, attacher avec des cordes celui à qui elle devait tant, celui qu'elle aimait enfin, tandis que deux d'entre eux restaient commis à sa garde.

Il ne fallait pas songer à parler à M. de Lorsdow; il était même de toute impossibilité de lui adresser un signe sans se trahir. La pauvre enfant sentit sa tête se troubler. Elle se mit follement à courir, cherchant son père, cherchant Martial, sans savoir même ce qu'elle pourrait demander à l'un ni ce qu'elle oserait dire à l'autre.

Elle les rencontra successivement.

Martial était consterné.

— Eh bien? dit-elle d'une voix brève.

— Qu'avez-vous, Louise? cet égarement...

— Ne m'interrogez point : répondez ! Croyez-vous qu'ils le tuent?.. Non, c'est impossible, n'est-ce pas?...

— Les malheureux, exaltés, aigris comme ils le sont, je les crois capables de tout.

— Ah ! c'est horrible!

Et Louise s'enfuit éperdue.

Plus loin, elle aborda son père. Une étrange préoccupation se lisait sur les traits du vieillard.

— Il va donc se commettre un crime ici? — dit-elle.

Foubert la regarda d'un air surpris.

— Un crime, dis-tu, petite?.. Non!.. On va se revenger.

— Vous ne vous associerez pas à cela.. Un homme comme vous, dont toute la vie a été pure, honorable, ne saurait être le complice d'un assassinat.

— Comme tu t'animes, fillette; hé! mais qu'as-tu donc, ce matin? t'es toute drôle.

— L'idée de ce qui se trame ici me révolte.

— Tu oublies donc tes frères, que t'es si sensible?

— Non; mais je sais qu'ils sont morts sur le champ de bataille, au grand jour du soleil, et qu'on ne les a pas égorgés traîtreusement dans l'ombre.

— Ma fille, ta pitié est bien grande pour raisonner comme çà. C'est égal; moi je me souviens.

— Moi aussi; seulement le souvenir d'un tel malheur ne m'aveugle pas... j'ai horreur du crime.

— Voyons, écoute-moi: quand une pauvre bête est poursuivie par des chasseurs, si elle se retourne au moment de tomber et tue un de ses ennemis assez imprudent pour la traquer jusque dans son repaire, crois-tu que c'est injuste?.. hein?.. Tu ne sais donc pas que ce scélérat est un Russe, un de ceux qui nous ont chassés de notre village, de notre maison, et qu'au moment où on l'a arrêté il cherchait à découvrir notre refuge. Veux-tu que je te dise pourquoi faire? Pour envoyer ses soldats nous surprendre, nous massacrer...

— Quelle idée! — murmura Louise anéantie.

— C'est comme çà. Crois-tu pas que c'était pour nous inviter à dîner!. Ah! il voulait connaître la carrière! Eh! bien, la voilà; il sait à quoi s'en tenir à présent... ma foi! tant pis pour lui! ha! ha!

Et le vieux vigneron laissa échapper un ricanement qui fit mal à Louise.

Elle s'éloigna la mort dans le cœur.

Alors, ne sachant à qui se recommander, à qui s'adresser, elle parcourut la crypte, se mêlant aux groupes, s'informant, interrogeant. Hommes et femmes se confondaient dans une même pensée de représailles. Partout des paroles amères, des visages sombres, des sourires sinistres; de tous côtés, comme un glas funèbre, retentissaient ces mots:

— Le gueux! — Il mourra! — Pas de pitié! — les siens ont brûlé ma maison. — C'est par eux que mon pauvre homme a été tué. — Et moi, mon fils. — Haine aux Russes — ils ont violé ma femme — ils ont maltraité ma mère — mon vieux père a été assommé par eux — ils ont tout pillé chez nous. — Est-ce qu'ils nous font grâce quand ils nous tiennent! — En ont-ils massacré à tel endroit — sans compter tout ce qu'on ne sait pas — c'est justice de se revenger — celui-là ne vaut pas mieux que les autres; pourquoi l'épargnerait-on?

Et ce n'était qu'un concert de récriminations, presque toutes fondées malheureusement, et qui ne faisaient que trop présager le triste sort réservé à M. de Lorsdow.

— Il est perdu! — s'écria l'infortunée Louise, en cherchant par la fuite à se dérober à ce flot croissant de malédictions qui la poursuivait de ses clameurs. Et tandis qu'elle courait ainsi, au hasard, sa douleur débordait en sanglots étouffés. La préoccupation des fugitifs était trop grande, la capture du jeune officier russe la concentrait trop sur un seul point, pour que le trouble de Louise fut remarqué.

En cette suprême conjoncture, que devait-elle faire? à quel parti était-il utile de s'arrêter? Elle songea à consulter le vieux curé du village. Du moins celui-là la rassurerait peut-être par des paroles plus chrétiennes et pourrait lui conseiller quelque tentative dans l'intérêt du captif.

— Mon père, — lui dit-elle en se mettant à genoux tout éplorée et en joignant les mains, — je vous ai confessé mon cœur; je vous ai confié le secret qu'il contient... Vous avez eu pour moi des paroles bien sévères, vous avez épouvanté mon esprit sur les suites d'un sentiment que vous appeliez insensé, fatal... Cependant vous êtes bon; vous devez donc comprendre ce que je souffre... soyez ma Providence; conseillez-moi... ma tête est perdue....

— Ce jeune homme serait....

— Oui, mon père.

— Pauvre enfant!

Il la releva avec bonté, lui parla, la rappela doucement à elle-même.

— Le sauverez-vous?

— Oh! je lutterai contre tous ces insensés avec toute la puissance de persuasion que le ciel met en moi; je n'épargnerai rien pour ramener ces cœurs égarés par la colère... C'est une proie que je n'abandonnerai point à leurs mauvais ressentiments. Dieu m'inspirera; il ne permettra point qu'un crime s'accomplisse, et que le sang innocent tache les mains de ces malheureux, dont le remords navrerait un jour la conscience.

— Merci ! merci !..

— S'ils restent sourds à mes exhortations, à mes larmes, alors, mon enfant, nous nous unirons pour tromper leur surveillance et leur arracher leur victime.

— Vous me rendez la vie !..

En effet, à partir de cet instant, Louise recouvra un peu de tranquillité : l'espérance reprit place dans son cœur.

Cependant le soir venu, tous ceux des fugitifs que la maladie ne retenait pas cloués sur leur couche de paille, se réunirent en un seul groupe.

On amena le prisonnier.

Alors, il se forma autour de lui un cercle pressé, attentif, duquel s'échappaient à peine de légers murmures.

Quelque chose de solennel et de décisif allait s'accomplir.

M. de Lorsdow était pâle : mais calme, mais résigné. Sa contenance n'exprimait ni la provocation ni la crainte. Il attendait, comme un homme qui prévoit d'avance sa destinée et qui s'y soumet avec résignation.

Il y eut un moment d'indécision parmi les paysans. Pourtant, une femme ayant quitté le cercle et étant venue adresser des reproches au prisonnier sur une perte récente éprouvée par elle à la suite d'un combat contre les Russes, plusieurs autres suivirent cet exemple ; bientôt ce ne fut plus qu'une tempête d'invectives et de menaces furibondes.

— Vous pouvez me tuer : pourquoi m'insultez-vous ?.. dit doucement le jeune homme, sans s'émouvoir.

— Il a raison, — fit une voix puissante dont l'éclat domina le tumulte.

— Taisez-vous! — ajouta une autre.

— Qu'on le juge, — repartit une troisième.

— Oui! oui! c'est çà! qu'on le juge!..

Et, comme le voulait la majorité des assistants, on le jugea.

C'était, il faut le reconnaître, une scène émouvante au plus haut degré de voir, à la lueur fumeuse et vacillante des torches, ces figures hâves, bouleversées, contractées par des passions mauvaises; de contempler, avec leurs physionomies farouches, ces hommes dont plusieurs grelottaient par l'effet de la fièvre, rendus féroces par les revers, par la privation, la maladie, la ruine, la perte d'êtres chers et la vie misérable à laquelle ils se trouvaient condamnés dans ces carrières ténébreuses et malsaines, où leurs femmes, leurs enfants, leurs bestiaux dépérissaient sous leurs yeux. Oh! c'était une chose triste de les voir, avec leurs haines impitoyables, juger un malheureux jeune homme qui portait ainsi, lui innocent, le poids des cruautés commises par ceux de sa nation. Les griefs contre les Russes étaient immenses, accablants, il n'y avait ni à les contester ni à les excuser, mais était-il juste d'en faire peser la responsabilité sur une seule tête, surtout lorsque cette tête devait être protégée par sa jeunesse, car elle n'avait pas encore vu passer l'âge des nobles élans et des compassions généreuses?..

M. de Lorsdow, ainsi accusé des crimes des siens, et encore d'avoir cherché à découvrir le refuge des fugitifs pour les surprendre et les faire massacrer, restait impassible.

Ses impressions ne se trahissaient que par sa pâleur. Quelque courageux qu'on soit, on ne voit pas froidement venir la mort à cet âge ; il reste au fond du cœur des illusions qui n'ont pas eu le temps de s'effeuiller, des aspirations qu'on n'a pu satisfaire. Le jeune homme n'aimait-il pas ? Cet amour n'avait-il point fait naître dans son esprit des rêves d'avenir que la mort trancherait bien brutalement ?

Pourtant il n'opposa aucune dénégation aux charges accumulées contre lui. C'est que, bien qu'il sentît tout ce qu'il y avait d'inique et d'absurde dans l'accusation qui le faisait responsable de tant d'excès, il ne se dissimulait point que ce qu'il pouvait répondre serait impuissant à désarmer des insensés.

— Qu'il meure ! — cria une voix.

— Oui, qu'il meure ! — répétèrent, comme un impitoyable écho, cent voix ensemble.

La condamnation était prononcée.

Un silence de mort succéda à cet arrêt que répercutaient les plus lointains échos de la crypte.

Chacun semblait effrayé de ce qu'il venait de faire.

Alors, le vénérable curé du village de ***, saint et digne homme s'il en fut jamais, fendit la foule et s'avança jusqu'au prisonnier moins pâle, moins troublé que lui.

— Mon fils, — lui dit-il en laissant planer un regard de pitié et de reproche sur les villageois étonnés, — ces hommes qui furent bons, que je croyais chrétiens, mais que le malheur a rendus des barbares, viennent de vous condamner. Dieu les punira d'avoir osé jouer imprudemment avec le glaive de sa justice. En attendant que sonne pour eux l'heure des remords, ils ne vous assassineront pas sans que je vous défende.

Un long murmure s'éleva du cercle des paysans.

— Si mon langage leur semble amer,— continua le curé sans s'émouvoir, — ils peuvent me condamner aussi, moi, leur vieux pasteur; moi qu'ils appelaient leur père; ils peuvent me tuer... Qu'est-ce qu'un crime de plus? d'ailleurs le droit est pour eux : ne sont-ils pas les plus forts?...

Après cet exorde, qui fit courir un frémissement dans beaucoup de consciences et remplit de surprise M. de Lorsdow, le curé, s'animant de plus en plus, parla longuement, passant de la menace à la prière, du raisonnement à la supplication. Il fut à la hauteur de sa sublime mission; il puisa dans son cœur des accents pleins d'énergie; il eut des raisonnements éblouissants de vérité. L'humanité, la pitié inspirèrent à ce modeste prêtre de campagne les éclairs d'une vraie éloquence.

— Ah! monsieur, — s'écria M. de Lorsdow, ne pouvant contenir l'élan de sa reconnaissance, — vous êtes un grand cœur, un saint homme! merci de vos paroles; elles me font du bien; mais, hélas! vous ne me sauverez pas!

En effet, si beaucoup de volontés mollirent sous les coups de cette improvisation, puisée au plus profond de l'âme, d'autres restèrent inflexibles.

— Qu'il meure!

— Pas de grâce! — grondèrent quelques voix obstinées.

— Vous le voulez? — demanda le prêtre.

— Nous le voulons.

— Soit, barbares! je ne vous connais plus... allez! faites

de cet infortuné ce que vos mauvaises colères vous suggéreront : je vous l'abandonne. Mais répondez : lequel parmi vous tous qui l'avez condamné, lequel servira de bourreau ?. Vous hésitez, je crois ; ce n'est pas possible. Allons, où est celui qui frappera ?.. qu'il se montre, que je puisse le voir...

A cette question, il se fit un étrange silence. Tous se regardèrent avec une sorte d'épouvante... Personne ne bougea ; nul ne répondit. On avait accepté le rôle dérisoire de juge ; mais celui de bourreau !.. On avait trouvé facile, naturel de dire : « Qu'il périsse ! » mais de là à tuer, de sang-froid, avec un couteau, une hache, sans lutte ; à frapper lâchement un homme lié, garotté ; à prendre enfin le rôle de cet homme qui tuait à Reims sur la grande place, et dont le nom seul faisait passer un frisson d'horreur jusque dans les cheveux, cette pensée était effrayante, elle intimida et fit reculer les plus intraitables ; car, nous l'avons dit déjà, c'étaient des hommes aigris, mais non corrompus ni méchants, que tous ceux qui composaient ce tribunal.

— Vous ne répondez pas ? — demanda le curé haletant d'espérance ; — je reconnais mes enfants ; je savais bien qu'ils n'accompliraient pas cette exécrable action.

— L'arrêt est rendu, il faudra bien qu'il s'exécute, — dit un paysan.

— Par qui ?.. par vous, Pierre ?..

— Non, pas par moi...

— Par qui, enfin ; puisque vous-même vous repoussez cette tâche impie ?..

— Par un que le sort désignera, donc !

— Et vous croyez que vos compagnons vont consentir à tenter le hasard... non! non!..

— On va voir, M. le curé; on va voir!..

— Oh! les malheureux! — s'écria le digne prêtre, en cachant entre ses mains son visage baigné de larmes.

C'est qu'il voyait tous ses efforts inutiles; c'est que déjà l'idée émise par le paysan Pierre s'exécutait en silence : on procédait à faire désigner par le sort celui qui remplirait les hideuses fonctions de bourreau.

Tout-à-coup il se fit une grande rumeur.

Le hasard venait de désigner Martial. Bien qu'il ne se fût pas associé à l'opération, son nom avait été joint à ceux des autres habitants de la carrière.

— Moi! — exclama avec une noble fierté le fiancé de Louise, — allons donc! on se trompe ici : je suis un soldat; je ne suis pas un misérable. Est-ce qu'on s'imagine que je vais tuer comme çà un homme qui ne se défend pas? Plus souvent! qu'on lui donne un sabre : nous nous battrons... mais l'égorger, c'est autre chose... je ne fais pas ce métier là.

— Ah! nous sommes trois, maintenant! bien Martial! exclama Louise, qui avait suivi, en proie aux plus vives angoisses, les divers incidents de ce drame.

Plusieurs paysans regardèrent Martial de travers.

— Hé! hé! mon garçon, — dit le père Foubert, — il ne s'agit pas de faire du sentiment ici; mais de remplir son devoir.

— Un devoir pareil?.. vous n'y pensez pas.

— Martial, si tu oublies la mort de mes garçons, tu n'es

plus de la famille : je te repousse. Jamais Louise ne sera ta femme. Celui qui m'aime n'est pas traître à ma cause.

— Martial, — murmura de son côté la jeune fille, — jamais ma main ne s'unira à une main souillée de sang.

— Ne craignez rien, Louise; je ne commettrai point une infamie, quand le diable y serait.

La jeune fille serra convulsivement la main de Martial dans les siennes.

Il la considéra avec un peu de surprise.

Elle reprit :

— N'est-ce pas que vous aurez pitié de cet infortuné?

— Certainement; car, quelque ennemis qu'on soit, ce n'est pas comme ça que je comprends la guerre.

— Hé bien, mon ami, mon frère, il ne suffit plus seulement de l'épargner, — dit à demi-voix Louise frémissante, — il faut le sauver.

— Le sauver, moi ?..

— Oui, le sauver, — dit comme un écho une autre voix à côté de Martial.

Il se retourna vivement pour savoir qui s'unissait dans une même pensée avec Louise pour lui adresser cette nouvelle insinuation.

Il reconnut le prêtre.

— Ah! Louise!.. Ah! M. le curé! c'est autre chose, ce que vous me demandez-là.

— Martial, donnez-moi une heure d'entrevue demain matin, j'ai à vous parler, — reprit la jeune fille.

Puis, elle ajouta en s'adressant au curé :

— Et vous, mon père, ne quittez pas ce jeune homme,

je vous en supplie! Qui sait à quels excès ils sont capables de se porter contre lui... au moins votre présence les contiendra.

— Soyez tranquille, mon enfant; je passerai la nuit avec lui.

Louise remercia le prêtre par un regard qui contenait toutes les reconnaissances de son âme.

— Les brutes! — grommelait Martial faisant allusion aux paysans. — C'est convenu, mademoiselle Louise: je vous attendrai demain matin à *la Clairière-aux-Loups.*

Elle lui fit un signe d'intelligence, puis tous trois se séparèrent.

— C'est bon! c'est bon! — dit à part lui le père Foubert qui, assis à peu de distance, avait remarqué la pantomime des trois personnes, sans entendre leur conversation; — il se manigance, à l'endroit de notre Russe, quelque chose entre M. le curé, Martial et ma fille. Heureusement je suis là et je veillerai.........................

....

Ce fut pour tous une nuit d'insomnie et d'anxiétés que celle qui succéda à cette terrible journée.

Aussitôt que le jour parut, Louise, évitant les regards soupçonneux de son père, se rendit à *la Clairière-aux-Loups.* Martial l'y avait devancée. Les bras croisés sur la poitrine, la tête basse, il se tenait adossé à un chêne, sa carabine à ses pieds.

— Je ne comprends rien à ce qui se passe, Louise; je ne sais trop ce que vous et M. le curé attendez de moi. Vous m'avez dit de venir: me voilà, — dit-il lentement, en attachant son œil noir sur les yeux de la jeune fille comme pour y lire ses pensées.

— Je comptais sur vous.

— Que puis-je ? Je suis prêt... Mon affection me rendra possible ce que le devoir ne me défendra pas.

— Hier, Martial, je vous ai dit : « Ce n'est pas assez d'épargner la victime, il faut la sauver. »

— Je m'en souviens.

— Vous ne m'avez rien répondu alors ; j'ai voulu vous laisser le temps de réfléchir.

— Je l'ai fait.

— Hé bien ?

— Comme vous êtes pâle, mademoiselle Louise, comme vous êtes pâle !

— C'est que j'attends votre réponse.

Martial restait indécis, examinant avec une attention douloureuse la jeune fille.

— Mais vous souffrez ! s'écria-t-il.

— Vous le voyez, et vous ne répondez pas !..

— Que dire ?..

— Consentez-vous à nous seconder ?..

— Sauver cet homme serait faire connaître notre refuge : demain, ce soir, peut-être, nous serions massacrés.

— Vous avez peur, M. Martial !

— Pas pour moi, pour vous, pour tous, pour votre père...

— Ainsi, vous me refusez !..

— Je sais bien que laisser tuer un homme est un crime ;

mais compromettre la sûreté, la vie de plusieurs centaines d'êtres, c'en est un plus grand encore... je ne veux pas en être le complice. Qu'on nous laisse battre ensemble... l'un ou l'autre tombera ; et tout sera dit.

— Je ne veux pas qu'il vous tue.

— Oh ! je me tiendrai bien, allez !

— Mais je ne veux pas non plus que vous le tueiez.

— Que dites-vous ?

— J'ai horreur du sang.

— Le sang d'un ennemi qui se défend.

Au lieu de répondre, Louise s'écria avec véhémence :

— Pourquoi un moyen violent ?.. Non ! non ! Martial, si vous m'aimez vous sauverez ce jeune homme.

— Comment cela ?

— Je vous le dirai lorsque j'aurai votre assentiment.

— Mais c'est livrer les miens, les condamner au ressentiment de cet officier !

— Il faut qu'on le sauve, vous dis-je, ou j'en mourrai de désespoir.

L'étonnement du jeune homme redoublait à chaque mot.

— Louise, — dit-il gravement, — vous avez une raison pour persister ainsi : si vous me la dites, je ferai ce que vous voudrez.

— Le promettez-vous ?

— Je le jure.

Louise eut un moment d'hésitation cruelle. Une rougeur passa rapidement sur ses joues pâlies ; enfin, faisant effort sur elle-même, elle dit en baissant les yeux :

— Pardonnez-moi : j'ai menti.

— Menti !.. vous ?..

— Je vous ai trompé.

— O mon Dieu ! ce n'est pas possible.

— C'est vrai cependant.

— Comment ? en quoi ?

— Je connais ce jeune officier, son nom est M. de Lorsdow.

Martial était tremblant ; il étendit les mains vers Louise d'un ton suppliant :

— Oh ! parlez....

— Si je veux sauver la vie de M. de Lorsdow, c'est qu'il m'a arrachée au déshonneur, à la mort.

— A la mort ? au déshonneur ? je rêve !..

Louise, non moins émue que Martial, raconta en peu de mots la scène de la forêt ; comment elle avait été surprise par les Cosaques ; comment M. de Lorsdow l'avait délivrée et accompagnée. Là s'arrêta son récit. Des entrevues suivantes, pas un mot. Une fois entré dans la voie des dissimulations, il est difficile d'en sortir. Les cœurs les plus honnêtes subissent cette influence d'un premier mensonge.

Martial écouta ; il crut tout ce que voulut avouer Louise : rien de plus ; sa loyale nature était incapable d'élever une supposition offensante contre celle qu'il aimait.

— Oh ! que ne parliez-vous ! — dit-il. — Puisque c'est un si noble cœur que cet officier, il ne nous trahira pas. Soyez tranquille, Louise, je suis des vôtres ; et, aussi vrai que je m'appelle Martial, j'acquitterai la dette que nous lui devons.... Nous l'arracherons de leurs mains, avec ou sans l'aide de M. le curé. Partons ! Les bonnes actions ne se diffèrent pas; et c'en est une, je le vois bien à présent, que vous me proposiez.

Le feuillage s'écarta violemment au moment où, en proférant ces derniers mots, Martial se baissait pour ramasser sa carabine.

Louise jeta un cri.

A travers les branches apparaissait pâle, les yeux étincelants de colère, le père Foubert armé d'une hache dont il se servait d'ordinaire pour couper du bois.

Après avoir regardé les jeunes gens, il dit avec un mauvais sourire :

— Toi aussi, tu me trahis, Martial?.. j'ai entendu tes dernières paroles. Tu te joins au curé et à ma fille pour faire évader le prisonnier... c'est bon!.. c'est moi qui le tuerai, alors!

— Vous, mon père! s'écria Louise qui, au comble de l'effroi, s'était réfugiée près du jeune homme.

— Tais-toi.

— Grâce! grâce!..

— Pour un misérable, n'est-ce pas?

— Non, pour un infortuné.

— T'as le cœur bien sensible, fillette, de porter un pareil intérêt à un Russe.

— Russe ou non, il est noble, généreux....

— Bah! tu sais çà, toi?

— Oui, je le sais.

— Je voudrais bien être instruit, mordienne! comment tu apprends de si belles choses?..

— Il m'a sauvé la vie...

— Sauvée de quoi?..

— Sans lui j'étais perdue...

— Vas-tu pas mentir, à cette heure!

— Je vous jure...

— Tais-toi.

— Mais... mon père... mon père...

— C'est faux! il mourra!.. j'en fais mon affaire.

— Vous assassin, mon père?.. non!.. Vous n'aurez pas cet affreux courage.

— Tu crois?.. sois tranquille... je le trouverai bien.

— J'en mourrai de honte pour vous.... pour moi...

— Louise!.. silence! gronda le vigneron les dents serrées, l'œil flamboyant.

— J'en mourrai, vous dis-je, de honte et de douleur!

— Que dit-elle? — fit Martial qui commençait à ne plus comprendre un tel effort de reconnaissance.

— Tiens!.. tu mourras, toi, parce que je vengerai mes garçons sur l'un de leurs meurtriers, sur l'un de nos ennemis... Oui dà!.. et pourquoi donc, çà?..

— Parce que... parce que...

— Hé bien!.. t'expliqueras-tu, à la fin du compte?

— Parce que.... je l'aime! — s'écria avec explosion Louise, dont l'exaltation était effrayante.

— Malédiction!

Et le vieillard bondit comme si un serpent l'eût mordu; il leva sa hache sur le front de sa fille qui tomba à genoux, non parce que le courage lui manquait, mais parce que ses forces étaient épuisées.

— Frappez! — dit-elle, — puisque vous voulez du sang.

Au paroxisme de fureur où était arrivé le vieux vigneron, peut-être eût-il abaissé son arme; mais, plus prompt que la pensée, Martial lui saisit le bras, et d'une voix grosse de menaces, il lui dit :

— Père Foubert... ne la touchez pas...

— Frappez donc! que m'importe!.. répétait Louise.

Martial frémissant, terrifié se plaça entre le vieillard et son enfant, en faisant mine d'armer sa carabine.

Il y eut un moment inexprimable, pendant lequel les deux hommes se mesurèrent du regard, prêts à s'élancer l'un sur l'autre.

Enfin, le père Foubert laissa retomber son bras en disant au jeune homme :

— Ah! tu la soutiens là-dedans?.. tu es bien accommodant, toi!

— Elle m'a brisé le cœur, — soupira Martial, dont la poitrine se gonfla, — et cependant je ne veux pas que vous lui fassiez du mal.

— C'est beau! c'est généreux! — dit Foubert essayant de railler; mais ses yeux s'emplirent de larmes, et il ajouta avec un accent déchirant :

— C'est fini!.. je n'ai plus d'enfants!..

Il jeta un dernier regard sur Louise, et pour échapper au vertige qui titillait à ses oreilles, il s'élança comme un insensé dans la direction de la carrière.

Martial souleva Louise mourante dans ses bras.

— Vous le sauverez, bon Martial ! — gémit-elle.

— Oui, je l'ai dit, je le ferai, — fit-il d'un ton sombre.

Et, chargé de son précieux fardeau, il se mit à courir sur les traces du père Foubert.

— Je sauverai cet homme aujourd'hui, — pensait Martial, — et demain, je me brûlerai la cervelle, car tout est fini aussi pour moi !..

X.

Arrivé à cet endroit du récit, Victor fit une nouvelle pause. Nous venions d'atteindre le château, but de notre promenade. A gauche, à l'extrémité de la magnifique avenue que nous avions suivie, nous apparaissait ce domaine dont j'ai précédemment esquissé l'histoire.

De ce côté, la route forme un plan incliné jusqu'au village de Saint-Martin, lequel est entièrement situé dans un fond. Il résulte de cette déclivité sensible de la route, que les eaux vives qui emplissent les fossés du château, par suite d'une disposition fort ingénieuse des déversoirs, tombent en cascatelles du plus heureux effet. Ainsi étagées, les chutes, vues à distance, semblent l'escalier de cristal d'un palais féerique. Ce qui contribue au charme de cette combinaison, qu'on pourrait croire le résultat d'un caprice de la nature, c'est le bruit égal, continu, argentin que produisent toutes ces nappes cristallines. Cette vue nous plut beaucoup. Pour ma part, j'aime l'eau dans la campagne. Un paysage sans eau a quelque chose de morne et d'incomplet : l'eau, au contraire, l'anime, le rafraîchit, comme le soleil l'échauffe par son éclat; elle empêche la monotonie des teintes, et son mouvement produit une diversité dans l'ensemble. En ce moment donc, j'étais heureux : je me dilatais avec un profond sentiment de volupté sous les chauds rayons de ce bon soleil, sans lequel je ne puis vivre, tandis qu'à mes pieds, l'onde limpide des cascades faisait jaillir jusqu'à moi ses fraîches et pénétrantes évaporations.

Marguerite, qui redoute le soleil autant que je l'aime, s'empressait de pénétrer dans l'enceinte du parc pour se réfugier à l'ombre. En sa qualité d'homme puissant, Victor suffoquait; aussi se hâta-t-il de suivre cet exemple.

— Sapristi! —nous disait-il, en effectuant sa retraite,—il faut que vous ayez des goûts de grenouilles en ce qui touche le liquide et les bosses phrénologiques du serpent à l'égard de l'astre blond... Si je restais un quart d'heure dans ce brasier, je me réduirais à rien, et ce serait dommage. Au diable les cascades!... On gagne une soif d'enfer ici, et rien que de l'eau à boire, comme c'est intéressant!... moi qui devais parler, j'aurais dû songer à cela, me prémunir; mais vous m'avez tellement pressé pour partir, que j'ai négligé les choses essentielles.

Notre contemplation ne pouvait toutefois se prolonger longtemps. Nous allâmes bientôt rejoindre Marguerite et Victor.

On pénètre dans le château de Saint-Martin par une belle grille de fer ouverte à tout venant, car, par un de ces sentiments qu'on ne saurait trop louer, madame la marquise de Talhouët n'a point voulu se réserver l'égoïste jouissance de son parc. Elle en ouvre l'accès à tous et en fait le jardin public du village et des localités voisines. Tous ces braves gens, dont elle soulage la misère, qu'elle soutient dans l'affliction, sont pour elle comme une grande famille. Quand on fait le bien, on est sûr de ne rencontrer chez soi que des amis... Qu'est-il besoin alors de fermer sa porte ?...

Le dimanche, les habitants de Saint-Martin font toilette et viennent s'éparpiller sous les ombrages hospitaliers du parc, où ils rencontrent la châtelaine et ses commensaux. Une existence honorable ne craint ni les regards, ni le grand jour, voilà ce que se dit madame de Talhouët avec raison.

Vous m'avouerez, mon cher Anatole, qu'il n'y a que les grands seigneurs qui soient réellement socialistes et possèdent l'art de faire du communisme aussi bien entendu ! Il n'y a qu'eux capables d'afficher une telle simplicité. Trouvez-moi un seul parvenu d'une cordialité pareille, et qui croie possible de se faire respecter en permettant une telle promiscuité. Je connais les individus de cette sorte, moi qui ai vécu dans des milieux commerçiaux et industriels. J'ai été à portée de comprendre ce que la sottise peut enfanter de morgue, et ce que les écus peuvent inspirer d'outrecuidance. Si, ouvrant ici une parenthèse, j'entreprenais de vous raconter les luttes de préséance entre les diverses sortes de denrées, vous n'y pourriez point croire. Imaginez seulement les droits seigneuriaux de la farine, le blason de la cannelle, les apanages de la moutarde se heurtant, se choquant à la puissante aristocratie du coton.

Je vous fais grâce des mélasses, des cafés, des suifs et du guano!... C'est une chose singulière, incroyable, bizarre pour quiconque n'a pas assisté à ce grotesque spectacle d'un conflit entre tous ces produits, en vue d'établir la suprématie de tels sur tels autres. O pitié! ô inextinguible besoin de rire! Assister à ces évolutions de l'aristocratie de l'écu, voir combien elle est ambitieuse de retentissement; contempler cet éternel froissement des vanités, cette incessante parade des ridicules les plus monstrueux et des prétentions les plus saugrenues... C'est à se voiler la face et à crier *raca!*... Tristes intelligences cotonneuses, vous jouez parfois aux Mécènes avec de pauvres hères affamés qui vous prodiguent de l'encens et des courbettes, en raison de l'os que vous leur donnez à ronger! Allez, race des parvenus! allez, engeance qui s'exerce à singer la noblesse! si vous en prenez et en exagérez les travers, vous n'avez pas assez d'élévation dans le caractère pour en acquérir les imminentes qualités!...

Voilà, mon cher Anatole, ce que je disais en me croisant dans le parc de madame de Talhouët avec les tabliers de soie noire, les jupons rayés et les vestes de toile. Après tant de pasquinades, j'étais enchanté de retrouver une de ces natures vraiment nobles, vraiment généreuses qui, au lieu d'éclat, ne songent à recueillir qu'un peu de gratitude de l'abondante moisson de bienfaits qu'elles ont semée.

Le château est d'un style simple et tout-à-fait moderne. Il n'offre aucune particularité en dehors de l'admirable position dans laquelle il est construit, et d'où il domine tout le pays, si riche en forêts, en fontaines et en points de vue.

Il pouvait être deux heures et demie.

Nous nous fîmes annoncer.

La marquise était au salon et se disposait à sortir. Elle nous accueillit avec la grâce tout aimable qui lui est habituelle. Une demi-heure s'écoula à causer de Paris, de l'Angleterre, des arts, de la littérature, etc... Puis nous nous levâmes; et, malgré ce qu'avait d'obligeant l'insistance de notre châtelaine, nous ne voulûmes pas commettre une indiscrétion en la forçant à différer plus longtemps sa promenade : d'ailleurs, la nôtre n'était point terminée. Il nous restait à voir le parc dans ses diverses parties et le Sourdon, cette merveille de la Champagne. Or, l'heure et l'estomac de Victor nous pressaient.

Nous prîmes congé de madame de Talhouët, qui, pendant le cours de cette visite, s'était montrée femme d'esprit, de cœur et de race.

— Je regrette vraiment, — nous dit-elle, — que MM. Isabey et David soient allés faire une excursion dans les environs ; ils auraient eu plaisir, j'en suis persuadée, à nouer ou renouer connaissance avec vous.

Nous nous inclinâmes en protestant que tout l'avantage eût été pour nous, etc.., etc..., enfin, ce qu'il est d'usage de répliquer en pareille circonstance. Si j'ai bonne mémoire, le nom de Talhouët est celui d'une vieille famille bretonne. Un des membres de cette famille, le beau-père de la marquise, je pense, siégeait au parlement de Bretagne avant la révolution de 89. Il se distingua par sa rare énergie et ses sentiments d'indépendance, lors des luttes que soutinrent les parlements contre la cour. Désigné pour faire partie de la députation qui se rendait à Paris avec mission d'adresser des remontrances au roi, il fut victime de son libéralisme. On l'enferma à la Bastille avec ses collègues.

La marquise, fille du comte Roy, et veuve du brave général de Talhouët, est la mère du gentilhomme de ce nom qui tient une place si distinguée au sein du Corps législatif.

Femme de goût, amie des lettres, la châtelaine de Saint-Martin-d'Ablois reçoit chaque année, durant la saison d'été, toutes les sommités de la littérature, des arts, de la magistrature et de l'armée.

Au moment où nous lui fîmes visite, le fameux Isabey, dont les miniatures eurent une si grande vogue sous l'Empire et la Restauration, faisait partie de ses commensaux. Il y avait aussi au château plusieurs personnages de distinction, parmi lesquels M. le général Rabusson et M. David, ancien conseiller d'Etat.

Notre regret de n'avoir point rencontré ces messieurs, n'était pas une vaine formule de politesse. Nous l'éprouvions en l'exprimant à la marquise. C'est toujours un plaisir et un avantage de se rapprocher des gens d'esprit, quelle que doive être d'ailleurs la durée de ce rapprochement.

Le parc nous séduisit par le goût parfait qui avait présidé à son ordonnance, et aussi par les richesses naturelles que la nature s'est plue à y prodiguer. L'eau vive y abonde. Ce ne sont que bassins naturels où s'ébattent les cygnes, les canards, où se jouent les poissons, où coassent les grenouilles, ces habitantes des roseaux; cascades, fontaines, grottes, bosquets, ruisseaux. Une de ses extrémités, adossée à la côte, est plantée d'arbres résineux et forme un petit bois sombre qui tranche admirablement avec le riant tableau qui se déroule un peu plus bas. Nous y passâmes une heure dans cet épanouissement de l'âme que procurent les belles choses.

Puisque j'ai rendu hommage à madame de Talhouët, pour avoir ouvert à deux battants les portes de son parc aux villageois, je dois à la vérité de dire que nul n'abuse de cette confiance. Ce qui est devenu le domaine de tous est respecté de chacun. On dirait un contrat tacite passé de part et d'autre. C'est là une chose rare de voir des hommes jouir paisiblement d'une liberté, sans songer à la faire dégénérer en licence. Vous savez, mon cher Anatole, que les choses ne se passent pas toujours aussi bien dans nos villes. Là, qui dit liberté, dit abus, qui dit tolérance, dit désordres. Quel singulier effet du progrès et des lumières ! Avouons donc, en toute humilité, que les idées de la campagne sur le droit et le devoir, n'ont pas encore atteint ce haut degré de civilisation qui distingue nos grandes et même no petites cités.

En quittant le château, nous fîmes une centaine de pas sur la route un peu montueuse, en côtoyant les cascatelles des fossés, et nous atteignîmes un bouquet de bois qui s'élevait à notre droite.

Nous entrâmes sous cette voûte ombreuse.

Nous étions arrivés au Sourdon. Si maintenant, cher Anatole, vous n'avez jamais entendu parler du Sourdon, ce lieu cher aux artistes et aux amants, suivez-nous par la pensée sous les platanes et les chênes du petit bois que je viens de signaler. Vous vous croirez par enchantement transporté tout-à-coup dans un autre monde, au milieu de ces sites sauvages de l'Amérique du sud, où nos rêves, si ce n'est quelque lecture, nous font parfois voyager en esprit. Tout vous saisira dès l'abord : la fraîcheur de l'ombre et des eaux ; le chant des oiseaux perdus au milieu des touffes impénétrables du feuillage ; le murmure des cascades ; la lumière incertaine, et comme à demi-voilée ; le tapis de mousse étalé sous vos pas ; les fleurs sauvages qui apparaissent comme des coups de pinceau éclatants, jetés capricieusement au milieu de ce tableau. Vous serez saisi comme nous le fûmes. A travers un dédale de sentiers accidentés, de quartiers de rocs épars comme à la suite d'une convulsion de la nature, vous arrivez à un ruisseau bordé de plantes aquatiques, et qui roule ses vagues limpides sur un lit de cailloux, de sable et de fleurs. Suivez-nous, remontant ce ruisseau vers sa source ; et, de cascades en cascades, de détours en détours, vous arriverez à un immense bloc de rocher, recouvert par les ans, autant que par l'humidité, d'une couche épaisse de mousse. Sous cette pierre servant de socle à d'autres blocs, qui se superposent, s'étagent à une grande hauteur, une voûte basse, mais étendue, est creusée. L'œil se perd dans ses profondeurs sombres, pleines de bourdonnements et de clapotements, car c'est là, dans l'ombre glaciale de la pierre et de l'onde, que s'accomplit le travail secret de la nature qui fait filtrer du sol les eaux qu'il contient dans son sein. A l'orifice de la voûte, la source prend son écoulement et alimente, jusqu'à Epernay, les usines, les villages ; fertilise les parcs, les bois, les prairies qu'elle arrose. Comme un serpent immense, ses plis et ses replis se déroulent, et ses écailles mouvantes, tantôt étincellent aux rayons du soleil, tantôt frissonnent mystérieusement sous l'ombre des feuillées.

Voilà le Sourdon !... Non-seulement l'une des merveilles

de la Champagne, comme je l'ai dit plus haut, mais encore une de ses richesses. D'où lui vient son nom? Très-probablement du verbe *sourdre*, en latin, *surgere*, sortir. Ce qui me confirmerait dans cette idée, c'est qu'à une certaine distance de sa source, le cours d'eau change son nom de Sourdon contre celui de ruisseau de Cubry.

Nous nous assîmes. Les uns sur un banc naturel formé par une inégalité du terrain, les autres sur des fragments de roche. Au préalable, pour étancher notre soif, nous avions goûté l'eau que nous fûmes unanimes à déclarer excellente; hormis Victor cependant, qui se livrait à toutes sortes de grimaces pour s'efforcer à partager notre opinion. Il n'y put parvenir.

— C'est très-bon pour faire de la soupe, je n'en disconviens pas, — dit-il, — mais comme breuvage, je préfère le bordeaux, quoique ce soit un vin de malade!... Pouah!...

— Voilà un gros pécheur, — repartit en riant M. Schivre, — qui serait fort attrapé si le ciel nous envoyait le nouveau déluge que nous méritons à tant d'égards.

— Aussi, le cas échéant, je retiens deux places dans l'arche du futur Noë: une pour moi, et l'autre pour mon tonneau.

— Qu'un mari est donc une chose aimable! exclama gaîment madame F***.

— Il est vrai que je n'ai pas eu l'air de me piquer de galanterie. Pourtant il ne faut pas juger sur les apparences. Je m'explique donc, puisque mon affection est calomniée. Avais-je besoin de parler de toi, ma bonne amie? N'es-tu pas une autre moi-même? Ne faisons-nous pas qu'un, et ta place, cette place dont je négligeais tout naturellement de faire mention, n'est-elle pas dans mon cœur ?

— Dieu, que c'est fade ! — exclama M. Perribère.

— C'est un vilain égoïste ; — objecta malignement madame F***, — il ne pensait pas plus à moi qu'à S. M. l'empereur de la Chine...

— Pour en revenir à ce que nous disions, — reprit M. Perribère, — ce serait bien pis encore qu'un déluge, si, conformément au système des Grecs, notre ami ressuscitait en poisson.

— Vilaine condition !... que je redoute à l'égal du feu, et dans laquelle il n'y a que de l'eau à boire ! — maugréa mélancoliquement Victor.

— Ah ! vous ne seriez point dans votre élément.

— Je le confesse. Heureusement que ces transformations n'ont jamais existé que dans le cerveau des Juifs, des Indiens et des philosophes de l'antiquité, tels que Pythagore, Platon et Empédocle.

— De sorte que vous n'y croyez pas ? — dis-je.

— La bonne idée !... Une fois mort, on est bien mort... Il n'y a pas à y revenir.

— C'est bien absolu, — observa M. Perribère.

— Et bien contraire au dogme chrétien, — ajoutai-je.

— N'allez-vous pas tenter de me faire croire à un autre monde ? l'amusante histoire ?

— Païen !... Taisez-vous. Vous avez sucé le poison de cette philosophie prêchée par les encyclopédistes.

— Un peu.

— Mon ami Victor, — repartis-je — vous êtes le doute

incarné. Vous tranchez bien nettement des questions qui ont fait pâlir les vrais philosophes et les sages. Vous avez contre vous Jésus, Mahomet, Confucius, tous les pères de l'Eglise et une partie de l'antiquité.

— Mais... vous interprêtez mal...

— Ah! vous avez beau crier, vous défendre. Savez-vous que le colosse de génie que l'on nomme Shakespeare, a dit, l'esprit rempli de doutes et d'inquiétudes, d'espérances et de craintes...

— Je sais... dans *Hamlet*.

— Justement.

— Vous connaissez le morceau par cœur ?

— Je l'ai traduit il y a peu de jours.

— Dites-le-moi. Cela me convertira peut-être.

— Vous pensez rire?... Il vous prouvera au moins que ce grand homme était moins encyclopédiste que vous.

— Parbleu! l'encyclopédie n'était pas inventée de son temps! sans cela, il avait trop d'intelligence pour n'en point être.

— Allez... Il est facile de railler; mais plus d'un esprit fort a trouvé à la lecture de cette pièce matière à réflexion.

— Qui en doute... Edifiez-moi... j'attends!

Je me mis à déclamer le fameux monologue du IIIe acte d'*Hamlet*:

« Être ou n'être pas?... Voilà la question. Lequel est
« le plus noble pour l'intelligence, de souffrir les coups et
« les traits de la mauvaise fortune, ou de prendre les ar-
« mes contre une mer de trouble, et, en s'y opposant, y

« mettre un terme?... Mourir!... dormir... rien de
« plus; et par un sommeil se dire: Nous finissons les cha-
« grins et les mille combats qui sont l'héritage de la
« chair? C'est une fin qui doit être pieusement souhaitée.
« Mourir!... dormir!... dormir!... rêver, peut-être!... Oui,
« assurément, voilà la difficulté; car dans ce sommeil de
« mort, quels songes peuvent venir, lorsque nous avons
« rejeté ce bruit mortel?... Il nous faut faire une pause.
« Il y a le respect humain qui prolonge le malheur d'une
« si longue vie; car qui souffrirait les coups et les mépris
« du sort, l'injustice de l'oppresseur, les insultes de l'hom-
« me orgueilleux, les angoisses de l'amour dédaigné, les
« lenteurs de la loi, l'insolence des commis et les rebuffa-
« des que le mérite patient reçoit de la bassesse, alors qu'il
« pourrait lui-même rentrer dans le calme et la tranquil-
« lité avec une simple pointe d'aiguille?... Qui voudrait
« porter les fardeaux, gémir et suer sous une vie de fati-
« gue, de dégoûts?... Mais c'est l'épouvante de quelque
« chose après la mort, la contrée inconnue dont nul voya-
« geur ne repasse la frontière, qui trouble la volonté et nous
« fait préférer de supporter les maux que nous éprouvons,
« plutôt que d'en affronter d'autres que nous ne connais-
« sons pas!... »

Après cette récitation, qui empruntait un plus grand caractère encore du lieu, il se fit un silence que Victor rompit en disant :

— C'est beau! mais qu'est-ce que ça prouve?... C'est un poète qui se creuse la tête, qui discourt, et ne peut conclure.

— Mon cher, vous faites de l'opposition à Shakespeare;

on vous retire la parole... Vous êtes voué au silence, dit M. Perribère.

— Ah ! ah ! — s'écria madame F***, — que voilà un homme malheureux !

Pendant ce temps, Marguerite qui avait réfléchi, et qui se trouvait d'ailleurs sur un sujet qui lui plaisait par son côté mystérieux, se mit à dire :

— Ne vous semble-t-il pas déjà avoir vécu ? — Cette parole raviva la discussion.

— Oui... oui, — répondit en même temps que moi M. Perribère.

— Non, — riposta M. Schivre.

Quant à Victor, une telle question lui paraissant le comble de la folie, il ne put que lever les bras au ciel en s'écriant tout stupéfait :

— Est-il possible d'imaginer des choses pareilles ! Dans quel cercle tournons-nous ?... Nous avons vécu, nous revivrons !... Je crains que notre caravane n'ait reçu quelque coup de soleil.

— L'impertinent ! — dit en souriant Marguerite.

— Les sceptiques n'ont pas la parole, ajouta madame F***.

— Je vois, — murmura Victor, — que vous êtes de l'école de ce philosophe, qui prétendait qu'on ne devait jamais discuter avec les gens d'une opinion différente. C'est un système fort commode ; je me tais : je suis la minorité.

— Mon ami, vous en avez la langue, dit madame F***.

— Mais, madame, continuez, de grâce, le développement de l'idée émise par vous tout-à-l'heure, demanda M. Schivre à Marguerite.

— Je disais, — répondit-elle, — que, pour ce qui est de moi, il m'est souvent venu à l'esprit ou à l'âme comme de vagues ressouvenirs d'un temps que je n'ai point connu dans la réalité de cette existence. C'est, en vérité, une chose inexplicable, et je comprends les doutes qu'elle soulève, mais plus j'avance dans la vie, plus ma pensée s'isole des agitations de ce monde, et plus ces réminiscences sont fréquentes et dessinées.

— Je suis bien tenté de penser comme vous, — dit M. Perribère, qui, en sa qualité d'homme d'étude et d'imagination, vint comme un puissant auxiliaire, à l'appui de la réflexion de Marguerite, — et ce qui me fortifierait dans cette croyance à une vie antérieure, c'est que souvent, dans mes songes, j'ai vu et revu, à de longs intervalles, des lieux qui me semblaient bien connus, bien familiers pendant le sommeil, quoique jamais, dans l'état de veille, ils n'eussent frappé mes regards.

— D'autres esprits ont été frappés de cette idée, d'autres âmes ont éprouvé ce phénomène, — dis-je à mon tour ; — par exemple dans le chapitre XXI du livre X de ses *Confessions*, intitulé : « *Comment l'idée de la béatitude peut être* « *dans la mémoire*, » saint Augustin, homme de sensations par excellence, dit, en parlant du bonheur que l'homme poursuit sans cesse ici-bas sans pouvoir l'atteindre, de ce bonheur immense, toujours rêvé, dont il a le sentiment en lui comme une réminiscence d'un autre séjour : « Si je me « souviens de la joie dans la tristesse, je puis me souvenir « de la *vie heureuse* dans ma misère. Et cette joie ne me fut « jamais sensible ni à la vue, ni à l'ouïe, ni à l'odorat, ni « au goût, ni au toucher. Pur sentiment de l'esprit, dont

« l'impression, conservée dans ma mémoire, réveille en moi « dédains ou regrets, suivant la diversité des objets qui l'ont « fait naître... Mais où, mais quand ai-je vécu ma vie heu-« reuse, pour m'en souvenir, pour l'aimer, pour la dési-« rer ?... Non! la vie heureuse n'est pas un corps: les « yeux ne l'ont point aperçue. » Ce sublime père de l'Eglise avait donc éprouvé ce que nous-mêmes avons ressenti sans pouvoir l'expliquer autrement que par le ressouvenir d'un lointain passé?

— Ceci est une question purement psychologique, qui pourrait nous conduire loin dans la voie aventureuse des suppositions, sans aboutir à autre chose qu'à des conjectures impossibles à résoudre, — ajouta M. Schivre, qui paraissait peu convaincu.

L'ami Victor fredonnait d'un air narquois.

— Vous êtes trop gai et vous avez trop de raison pour vous amuser à chercher la solution de problêmes insolubles, — lui dis-je, — d'ailleurs votre vie est tellement active que vous n'auriez guère le loisir, si vous en aviez le goût, de bâtir des rêves sur d'autres rêves.

— Voilà au moins une vérité! — exclama-t-il joyeusement.

— Voyons, — reprit Marguerite, — si nous admettons une vie future, pourquoi n'admettrions-nous pas, avec autant de raison, une vie passée? Pour l'âme, s'entend : *Je fus, je suis, je serai!...*

— Certainement, dit madame F***.

— Où allons-nous, bon Dieu! — soupira Victor d'un ton de pitié profonde.

— Pour mon compte, — objecta M. Schivre, — j'ai quelque peine à m'accommoder de ce raisonnement dont on peut contester la justesse.

— Je crois bien qu'on le peut!.. Vous êtes fort honnête ! — interrompit l'incorrigible Victor, pour qui nos raisonnements semblaient avoir l'amertume d'une médecine.

— Allons, — dis-je, sans m'arrêter à ses exclamations, — ne nions, ni n'affirmons : nous serions également absurdes, dans l'un et l'autre cas; attendu qu'en pareille matière, la négation ni l'affirmation ne se peuvent prouver.

— D'ailleurs, — ajouta M. Schivre, — nous n'en sortirions jamais. Comme nous l'établissions tout-à-l'heure, les plus grands génies se sont heurtés à cet écueil. Ils sont sortis de la lutte avec l'inconnu, épuisés, anéantis, brisés, fous... jamais éclairés. Plus sages, laissons-nous vivre dans la main puissante du Créateur, bercés par nos pensées, par nos chimères, si nous en avons, sans essayer de les soumettre au creuset dévorant de l'analyse.

Mais Marguerite n'est pas femme à abandonner ainsi la partie sans épuiser son dernier raisonnement.

Elle repartit :

— C'est vite fait de dire: « N'en parlons plus ; » c'est sage même, je n'en disconviens point ; et pourtant on reste obsédé par cette pensée irritante qui nous titille sans relâche à l'esprit : « Qu'avons-nous été ?... Que serons-nous ? » Cette question est le cercle éternel dans lequel tourne l'esprit humain ; c'est le roc impassible où vient se briser le flot de notre orgueil. Tout en ayant le sentiment de mon impuissance, et tout en me reconnaissant trop infime pour pénétrer le secret de Dieu, je ne saurais m'empêcher de répéter : Je crois à une vie passée par les vagues ressouvenirs qui parfois répandent une lueur dans les ténèbres de mon intelligence; je m'explique également une vie future, par cette sorte de pressentiment, instinct mystérieux, qui me berce ainsi qu'une espérance et une consolation.

— Cette croyance, — reprit l'incrédule M. Schivre, — ne se base que sur des sensations; or, les sensations étant de l'essence des passions, qui en procèdent, peuvent être trompeuses et aveugles comme elles.

— Soit! — dit vivement Marguerite, — laissons alors de côté la vie passée; nous y reviendrons plus tard. Je veux pour le moment, en m'étayant de la doctrine chrétienne, développer mon idée sur la vie promise. Dieu, à qui nous reconnaissons la sagesse, la justice et la bonté infinies; Dieu, qui n'a créé aucune des choses sensibles à nos organes qui n'ait son but, son utilité, son effet; Dieu, dis-je, peut-il, dans l'ordre des choses métaphysiques, interrompre l'admirable harmonie de ses œuvres?... Ainsi a-t-il pu mettre dans le cœur de ses créatures des désirs, des aspirations pour les laisser inassouvis? pour que ces désirs, après avoir obsédé tous leurs moments, s'anéantissent avec elles?... Non!... Je suppose donc que tant de vœux formés, tant d'espérances conçues, mais non exaucés ici-bas, doivent avoir leur accomplissement ailleurs. Ce qui est rêve ici, deviendra réalité dans d'autres sphères, comme, par suite de la transmigration et du renouvellement des âmes, les réalités de notre terre actuelle seront peut-être des rêves, des souvenirs au sein d'une patrie meilleure. Maintenant, je reviens à ma proposition première. Si j'admets que nous devons revivre, pourquoi ne pas croire que nous avons déjà vécu? Le miracle de la transformation n'a pas moins de raison pour s'être accompli que pour devoir s'accomplir.

— Il me semble, à moi, simple profane, que nous en revenons au célèbre *To be or not to be* de Shakespeare, — grommela Victor en s'étirant. — Il est vrai qu'on a dit que c'était un cercle... Il ne faut pas s'étonner qu'il tourne alors : c'est comme la roue d'un cloutier.

— Eh ! madame, vous reprenez votre thème favori ! — répliqua M. Schivre à Marguerite, — alors la grande question, pour l'un et l'autre cas, serait de savoir si notre âme est véritablement immortelle, si elle ne s'éteint point avec le corps, comme le prétendent les matérialistes. Je sais bien que l'immortalité de l'âme a été de tout temps la pensée des hommes éclairés ; que le grand faisceau de toutes les intelligences réunies a proclamé cette probabilité comme une vérité non douteuse. Néanmoins, ce n'est qu'une supposition. Et d'ailleurs, en admettant que l'âme soit immortelle (et, pour ma part, je l'admets en toute humilité), qui sait si elle s'élève ; ou bien si, comme le supposaient les païens, elle flotte près du sol, autour des tombeaux ; ou même, ainsi que le croient encore les musulmans, si elle ne reste point ensevelie avec le corps jusqu'au jour de la résurrection. Tant d'opinions opposées ont été émises que rien n'est certain dans cette voie où le flambeau de la foi peut seul nous guider.

J'intervins dans le débat.

— J'essaierai, — dis-je, — de lever vos doutes, par une démonstration physique. Vous demandez où va l'âme détachée de son enveloppe mortelle ?... Elle monte !... La tendance de tous les corps est rétrograde ; celle de tout fluide est ascendante. Ceci, n'est-il pas vrai, est un fait impossible à contester ?... Lancez une pierre, elle retombe ; ouvrez le passage à un fluide, à une flamme, ils s'élèvent. Or, durant la vie des êtres, le corps (*matière*) qui tend vers le sol, et l'âme (*lumière*) qui tend vers le ciel, maintiennent ainsi la machine dans un parfait équilibre. On sent qu'il y a lutte entre deux éléments de nature contraire, mis en rapport par une volonté supérieure. Cette lutte active, incessante, fiévreuse, c'est la vie!... Que, par suite d'un dérangement quelconque dans ses admirables rouages, la machine faiblisse un moment : voilà l'âme qui prend avantage de cette faiblesse et cherche à s'en séparer. Lorsque la séparation s'opère, c'est la mort ! Alors, suivant les éternelles lois que le Créateur a faites, le corps retourne au sol dont il est un produit savamment élaboré, et l'esprit dégagé, libre, s'élance dans les espaces éthérés. Ainsi la boue retourne s'assimiler à sa source de boue, ainsi la lumière va se retremper, sans doute, au foyer de la lumière, en attendant que les décrets de la Providence lui assignent une fonction nouvelle dans l'ordre admirable de la création, où rien ne reste inactif, où rien surtout ne se perd !

— C'est long, mais c'est bien ! — dit Victor en bâillant, — Eugène me fait l'effet d'un président qui vient de résumer l'affaire. La cause étant entendue, je demande qu'on prononce l'arrêt et que la séance soit levée : J'ai faim ! j'ai soif ! j'ai sommeil !...

— Si le raisonnement n'est pas exact, il est au moins subtil, — observa M. Schivre.

— Je l'adopte ! — dit M. Perribère.

— Je l'ai admis depuis longtemps, — ajouta Marguerite.

— Moi, je crois ! sans discussion, les yeux fermés, comme il est recommandé par le Christ dans l'Évangile, — dit simplement madame F***.

— Vous avez plus raison que nous tous, madame ; — lui dis-je, — et cette simple parole est au-dessus de tous nos raisonnements, vains mots qui portent moins de lumière en nos esprits que la foi qui rayonne dans votre cœur, n'y entretient de chaleur et de contentement.

— *Amen !* — dit Victor. — Allons dîner.

Un silence succéda à ces réflexions, quelque peu sérieuses pour être jetées au milieu d'un si gai voyage.

Au bout de quelques minutes, nous nous levâmes pour regagner le village de Saint-Martin.

XI.

Nous venions de reprendre la grande avenue que naguère nous avions suivie sous l'impression du récit de Victor. Nous cheminions lentement, un peu silencieux et réfléchis, comme si la conversation que nous avions eue s'achevait dans notre pensée.

Victor s'impatientait de cette tendance des esprits; il s'irritait de l'espèce de mélancolie qui pesait sur nous, comme ces nuages dont la présence soudaine obscurcît et alourdît l'atmosphère d'un beau jour d'été. Comme, d'ailleurs, il n'avait point pris part à nos dissertations, il éprouvait une de ces démangeaisons de langue qui, chez lui, se traduisent par quelque sortie aussi brusque qu'originale.

— Ainsi, dit-il, après avoir tant parlé, voilà que vous êtes muets!.. Conséquence infaillible des abus qui amènent la fatigue et l'impuissance!.. Quel beau discours de morale je ferais là-dessus, si je n'obéissais qu'à ma verve !... Hélas! comme c'est gai pour moi de vous voir anéantis, recueillis de la sorte. Heureusement, je ne suis pas atteint du même mal... O ingrats! songez-vous à cette pauvre Louise? Non! Encore oubliée!.. Mais je suis là, moi; je pense à elle dans les difficiles conjonctures où nous l'avons laissée. Et Martial, qui ne s'occupe à rien moins qu'à se faire sauter le crâne... Nigaud!.. Comme si les gens qui éprouvent des mécomptes en amour n'avaient plus d'autre consolation que celle-là !.. Que deviendrait le monde, bon Dieu! et à quoi servirait la vigne?.. Et ce pauvre officier de cosaques qui attend, comme un stoïque de l'antiquité, qu'on lui facilite le passage de cette vie à l'autre. Et le vieux curé, et ce dur-à-cuire de père Foubert, et tous ces pauvres diables de la crypte... Ah! vous trouvez cela moins intéressant que vos développements sur la *métempsychose*?.. Vous êtes bien difficiles... Comme les goûts changent vite!.. Il n'y a pas une heure, c'était charmant!... allez! Vous êtes capricieux comme la mode ou comme les princesses russes, ce qui est pis.—Libre à vous ensuite de ne pas m'écouter, de rêvasser à votre aise; mais, comme toute cette histoire m'amuse, bien que j'aie une soif d'éponge, je vais me l'achever pour moi-même. Je me prête l'oreille, et je me reprends ma narration où je me la suis laissée.

Et, ayant débité cette tirade avec un sérieux imperturbable, qui nous divertit infiniment, notre gros compagnon toussa avec bruit, se moucha, reprit sa figure de circonstance et se disposa à recommencer.

En présence de ces préliminaires, nous nous rapprochâmes.

Victor nous jeta un coup-d'œil de côté et s'exprima de la sorte :

....

Parmi les rares individus qui n'avaient eu aucune part active à la condamnation de M. de Lorsdow, et, bien au contraire, protestaient dans leur for intérieur contre l'odieux de cet acte, se trouvait le maître d'école du village. L'attitude prise par le curé, l'eût rangé au nombre des défenseurs de la victime, si son bon cœur ne l'y eût mis d'avance.

On le nommait Rémy.

C'était un homme juste, de mœurs douces, assez instruit, qui déplorait les malheurs de son pays; mais en même temps trop chrétien pour ne pas gémir à la vue du meurtre qu'on préméditait d'accomplir.

Durant son allocution aux paysans, le vieux prêtre avait arrêté son regard sur Rémy. Il le connaissait, et, en présence de l'émotion à laquelle le pauvre magister était en proie, il comprenait qu'il en pourrait faire assurément le complice de sa bonne action. Aussi, dès qu'il eut quitté Louise et Martial, il se mit à sa recherche.

Il le rencontra dans une partie retirée de la crypte réservée aux malades, car Rémy joignait quelques connaissances médicales et pharmaceutiques à son modeste savoir de magister.

— Eh bien ! Rémy, — avait dit le prêtre en l'abordant, — laisserons-nous faire ?

— Non, monsieur le curé.

— Mais quel moyen ?

— J'y songeais.

Le curé vit qu'il était compris. D'un regard, il remercia cet homme simple qui avait pénétré le dessein de son âme.

— Ils l'ont ramené à la cellule. On le garde à vue. Jean Lottard et François Rigaud se sont proposés pour passer la nuit en faction. Ce sont deux caractères intraitables, vous le savez; il ne faut donc pas penser à les gagner ni à mettre leur vigilance en défaut.

— C'est vrai ! —répliqua le maître d'école, toujours préoccupé et songeur.

Enfin au bout d'un moment il dit au curé :

— Ne restons pas ensemble ; ce serait éveiller des soupçons. J'ai un projet... vous verrez...

Ils se séparèrent.

Un quart d'heure plus tard, comme le vieux prêtre passait près d'un groupe pour se diriger vers le lieu où l'on gardait M. de Lorsdow, qu'il avait promis à Louise de ne pas quitter, il reconnut la voix de Rémy mêlée à quelques autres.

— Parbleu !— disait-il, — M. le curé a raison de parler pour ce Russe, c'est son devoir ; mais vous n'avez pas tort de vouloir que justice soit faite. Si l'on avait pitié de tous ceux qui n'ont pas pitié des autres, les bons seraient dévorés par les mauvais, en ce monde. Je ne suis pas méchant, vous le savez bien ; pourtant je ne veux pas qu'on fasse de quartier aux ennemis de notre pays. Vous me demandez mon opinion, la voici.

A cette péroraison, le curé se retourna vivement. Il ne s'était pas trompé : le magister était bien là, c'était lui qui parlait de la sorte. Il prenait son repas du soir en compagnie de Jean Lottard, de François Rigaud et de deux autres paysans.

Le prêtre laissa échapper un mouvement de surprise qu'il réprima aussitôt sur un signe imperceptible que lui fit Rémy.

Il allait continuer son chemin.

Le magister l'appela :

— Pardon, monsieur le curé; mais il est bien naturel que de pauvres diables qui vont passer la nuit auprès du condamné se réconfortent. Je leur tiens compagnie, comme vous voyez.

Les paysans avaient baissé la tête devant leur pasteur, dont ils prévoyaient de nouveaux blâmes. Contre leur attente, il se contenta de jeter sur Rémy et sur eux un regard douloureux et triste ; puis il s'éloigna.

La voix du magister parvint encore jusqu'à lui :

— Il est bien triste, parce qu'il est bon, très-bon, M. le curé. Par exemple, il va passer la nuit en prières avec le prisonnier pour le préparer à mourir... Ensuite, c'est bien le moins qu'on fasse pour ce pauvre diable.

— Thomas me disait tout-à-l'heure, — reprit un des paysans, — que Martial ne voulait point faire son affaire à ce Russe. Avez-vous entendu parler de ça, M. Rémy ?

— Pas le moins du monde...

— C'est que, s'il fait le difficile, ma foi ! nous nous sommes consultés avec les amis, et nous en terminerions sans tant de tapage.

— Bah ! bah ! Martial est tout disposé, vous verrez demain.

— A votre santé donc, M. Rémy.

— A la vôtre, mes amis.

Cette réunion de Rémy avec les paysans semblait si extraordinaire au curé, qu'il n'eut pas de peine à penser, quoiqu'il eût entendu, qu'elle avait un but.

Arrivé à un détour, il jeta un regard derrière lui. Il vit, à la lueur mouvante du foyer, le magister et les paysans qui choquaient leurs verres.

L'espèce de chambre dans laquelle on avait relégué M. de Lorsdow était creusée dans le roc vif de la carrière. Il était facile de reconnaître là une galerie commencée, mais que la qualité de la pierre, ou tout autre cause, avait empêché de prolonger. Les parois se trouvaient entretenues dans une continuelle humidité par le suintement de l'eau ; une botte de paille, une cruche en formaient l'ameublement ; une mauvaise chandelle de résine y répandait une de ces lumières incertaines et blafardes qui, à elles seules, sont de nature à jeter dans l'esprit de lugubres idées.

A la porte, se tenaient deux des hôtes de la carrière, armés de fusils et de sabres. Attentifs, l'œil constamment fixé vers la cellule du prisonnier, ils ne perdaient rien de ce qui s'y passait. Ce ne fut pas sans une certaine défiance qu'ils virent entrer le curé, à qui, du reste, ils n'osèrent refuser le passage.

M. de Lorsdow était assis. Il se leva à l'aspect du prêtre.

— Je viens vers vous, mon fils, vous dire : « Ayez courage ! »

— Ce n'est point là ce qui me manque. Faut-il mourir ?.. je suis prêt.

— Oh ! non. Je vous apporte les secours de mon ministère.

— Merci, monsieur. Elevé dans la religion grecque, je ne puis recevoir vos exhortations comme prêtre ; mais, comme ami, j'accueillerai avec joie vos conseils. Je vous sais gré d'être venu. Sans doute, il est triste de mourir de la mort qu'on me réserve ; mais, du moins, j'aurai rencontré une main amie pour serrer la mienne, et une voix chrétienne m'aura fait entendre des paroles de consolation.

— Comptez sur moi, — murmura le curé avec un accent plein d'expression.

— J'ai un service à réclamer de vous.

— Parlez.

M. de Lorsdow tira de sa poitrine un petit paquet qu'il remit au prêtre :

— J'aime une jeune fille et crois en être aimé, — dit-il d'une voix grave, un peu altérée, — j'ignore le lieu qu'elle habite, car c'est en cherchant à pénétrer ce secret, qu'elle refusait de me confier, parce qu'il n'était pas le sien, que je suis tombé aux mains de mes ennemis.

— Ainsi, il est bien réel que ce n'était point pour livrer notre retraite à vos soldats que vous tentiez de la connaître ?

— Ah ! Monsieur !.. Un autre sentiment me poussait.

— Oh ! — murmura le prêtre se parlant à lui-même avec agitation, — alors, plus que jamais, ce serait un crime, un crime sans excuse... Il ne peut mourir... je parlerai... je... mais... en ce cas... Louise... non ! non, c'est impossible...

— Qu'avez-vous !.. demanda M. de Loïsdow.

— Rien... je me dis que, n'ayant contre ces hommes aucun dessein hostile, ce serait horrible que vous devinssiez leur victime, surtout après avoir sauvé la vie, l'honneur à la fille de Foubert...

— Vous savez ?

— Oui.

— Louise?...

— Je la connais.

— Où est-elle?...

— Ici même.

— Et je ne l'ai pas vue ?

— Ne l'accusez pas : elle est folle de désespoir et s'est unie à moi pour vous sauver.

— Oh ! je m'en doutais...

— Silence ! on nous observe.

— Cependant, expliquez-moi...

— Pas un mot.

— Comment ! me sauver ? — Que voulez-vous entreprendre ?

— Je l'ignore... ne me demandez rien. J'espère... voilà tout... Nous sommes plusieurs... le cœur, l'humanité, l'effroi nous pressent... Dieu seul peut nous inspirer. Mais vous me parliez... continuez, je vous écoute.

— Hé bien, monsieur, si je meurs, ce paquet que je vous confie est destiné à la jeune fille que j'aime. Ce sont quelques lignes écrites au hasard, avec mon sang, dans l'obscurité de ma prison ; il y a aussi des cheveux de moi et un bijou de famille auquel je suis fort attaché.

— Est-ce tout ?

— Hélas ! que lui dirais-je de plus qu'elle ne sache, que son cœur ne devine.

— Je ferai selon votre désir.

— Une dernière parole, monsieur.

— Dites.

— Louise est pure. Si j'eusse vécu, j'en aurais fait ma femme.

— Vous êtes dignes l'un de l'autre.

— Maintenant, je me sens plus calme... et puis, je sais qu'elle est près d'ici... que sa pensée se confond avec la mienne... Oh ! ne pouvoir la voir !

— Il n'y faut pas songer... mais, si Dieu veut nous seconder...

— Dieu ne le voudra pas !

Exclama avec abattement le jeune homme.

Il s'assit, posa sa tête dans ses mains, et quelques larmes silencieuses coulèrent lentement le long de ses joues.

Ce fut la première défaillance qu'il eut.

— Courage, espoir ! — lui dit le curé.

— Oh ! je suis fort, monsieur, — repartit vivement M. de Lorsdow en relevant la tête, — ce n'est pas la mort qui m'effraie : c'est la vie que je regrette, en songeant à ce que je laisse de bonheur derrière moi. Cette faiblesse est permise, n'est-il pas vrai ?..

Pour toute réponse le digne ecclésiastique fit un geste affirmatif et se tourna pour s'essuyer les yeux.

L'entretien que je viens de raconter avait eu lieu à voix basse, sous l'œil vigilant des gardiens. Quelle que fût leur défiance à l'égard des intentions du curé, ces derniers ne s'inquiétèrent pas trop de l'échange de paroles qu'ils ne pouvaient entendre, supposant que le vieux prêtre recevait la confession du condamné.

Peu à peu les feux s'éteignirent dans la crypte ; le silence succéda à cette orageuse journée qui présageait un lendemain plus orageux encore.

Sur les onze heures, Jean Lottard et François Rigaud vinrent relever les sentinelles.

Le curé, qui avait un moment présumé que la réunion de Rémy aux paysans avait pour objet de les enivrer, eut un frisson de désespoir : tous deux étaient calmes. Ils s'assirent, le fusil entre les jambes, de chaque côté de l'entrée de la cellule, et ne quittèrent point de l'œil le prisonnier et le prêtre.

Le prêtre priait. M. de Lorsdow semblait plongé dans de tristes réflexions.

Une heure s'écoula.

Puis une autre.

— A moins que le ciel fasse un miracle, il est perdu ! soupira le curé en laissant errer son regard sur le jeune Russe.

— Il le fait en ce moment, — repartit une voix à l'oreille du prêtre.

Il leva la tête.

Un homme se tenait debout auprès de lui, un couteau à la main.

— Rémy !

— Moi-même, monsieur le curé.

— Eh bien ?

— Pas de paroles... agissons.

Prompt comme la pensée, il coupa les cordes qui embarrassaient encore les mains de M. de Lorsdow stupéfait ; puis, lui présentant une blouse et un chapeau à larges bords :

— Vite, monsieur, habillez-vous et suivez-moi... Avant dix minutes vous serez libre.

— Libre !... oh ! donnez.

La transformation fut bientôt opérée.

— Mais... — fit d'un air de doute le curé en montrant la porte, comme pour désigner les sentinelles.

— Ils dorment ! — dit Rémy.

— Est-ce possible... tous deux ?...

— Tous deux... voyez.

— S'ils se réveillaient...

— Oh ! oh ! pas sitôt que cela, monsieur le curé.

Voyant que M. de Lorsdow venait d'achever de se vêtir, il ajouta :

— Maintenant, soyons prudents..... suivez-moi... et pas une parole.

Il éteignit la chandelle de résine, prit la main du jeune homme et l'entraîna à travers les ténèbres.

Le vieux prêtre les suivit.

Quelle fut longue et pénible cette marche pendant laquelle chaque pas rencontrait un obstacle ou touchait un danger !.. Ici, c'étaient des bestiaux contre lesquels on se heurtait et dont les mugissements troublaient le silence ; là, le pied faisait retentir quelque ustensile de cuisine oublié ; plus loin encore, des gens. Heureusement que l'obscurité, qui amenait ces chocs, servait aussi à en dissimuler les causes. Les paysans, habitués aux visites nocturnes des bestiaux, juraient, grondaient contre la négligence de tel ou tel de leurs compagnons qui avait mal attaché ses bêtes; et tout rentrait dans le calme jusqu'à ce que, un peu plus loin, les mêmes accidents et les mêmes transes se renouvelassent. Si l'on était découvert, comment s'élancer, courir à travers cette confusion, ce pêle-mêle des êtres et des choses.

Un moment l'alerte fut vive. M. de Lorsdow marcha en plein sur une poitrine.

— Sacré tonnerre ! qui diable me patauge dessus comme ça ? cria une voix irritée.

— Hé ! parbleu ! c'est moi, — s'empressa de répondre Rémy, imitant le hoquet d'un homme aviné.

— Qui, vous ?... je tiens le pied... mais je ne vois guère la figure.

— Moi, Rémy.

— Du diable ! que faites-vous donc là à cette heure ?..

— Est-ce que je sais... je cherche.

— Quoi donc ?

— Mon lit... la bonne idée !... on l'a emporté.

— Ah ! M. le maître d'école, vous avez festoyé !... Je vous ai bien vu tantôt trinquer avec les autres... Et comme ça n'est pas votre coutume, la tête a déménagé.

— Ce n'est pas la tête... compère ; c'est le lit.

— Au diable l'ivrogne ! — maugréa le paysan, — j'en suis tout écrasé. Allons, voulez-vous que j'allume un suif ?...

— Pourquoi faire ?.. j'y vois.

— On ne s'en douterait guère, cordieu !

— Bah ! bah ! je vais me coucher là, à côté... Ne dites pas que je me suis un peu étourdi cette nuit... et bonsoir !..

— Bonsoir !

Tandis que, grommelant, le dormeur reprenait son somme interrompu d'une manière si brutale, Rémy s'éloignait avec le prêtre et l'officier en redoublant de précaution.

Sans plus de difficultés on atteignit une des sorties du souterrain.

Ce n'était pas sans un certain battement de cœur que le vieux curé approchait de ce terme de leur course. Il savait, qu'en vue de prévenir les surprises du dehors, deux hommes passaient ordinairement la nuit à cette issue.

Les sentinelles étaient, en effet, à leur poste; mais, de même que celles de la cellule, elles dormaient profondément.

— C'est comme dans la *Belle au Bois dormant*, n'est-il pas vrai, monsieur le curé ? — dit Rémy, que l'étonnement du prêtre faisait sourire.

— Ah ! vous êtes un homme habile !

Enfin le dangereux détroit venait d'être franchi. Aussitôt qu'il foula l'herbe humide de rosée, que les étoiles scintillèrent au-dessus de sa tête à travers les arbres, que l'air frais et pur lui fouetta le visage, le jeune officier se jeta dans les bras de ses libérateurs.

— Oh ! merci ! — murmura-t-il d'une voix altérée par l'émotion et la reconnaissance ; — je ne savais pas que la vie me fût aussi chère !

— Partez ! — dit Rémy. — Avant un quart d'heure, en suivant ce sentier, vous serez au milieu des vôtres.

— Un dernier mot, — objecta doucement le prêtre, en retenant dans ses mains les mains du jeune homme. Je ne vous demande ni serment, ni promesse, j'aurais l'air de vous vendre votre liberté. Seulement, laissez-moi croire que ce n'est pas le cœur plein de reconnaissance envers Dieu que vous pourriez songer à vous venger des angoisses que ces malheureux proscrits vous ont fait subir. Vous oublierez ce que vous avez souffert, et je n'aurai pas à me reprocher d'avoir trahi les miens.

— Oh ! — exclama le jeune homme, posant, par un geste rempli d'expression, la main sur sa poitrine, — je ne suis pas un misérable !

— Adieu !

— Adieu !

M. de Lorsdow s'élança dans la direction que l'on venait de lui indiquer, tandis que ses deux libérateurs reprenaient lentement le chemin de la crypte.

En passant devant les paysans de la porte, le prêtre demanda au magister :

— Comment avez-vous endormi ces pauvres gens ?

— En mêlant quelques gouttes d'opium à leur vin.

— Il n'y a aucun danger, au moins ?

— Aucun. Dans deux ou trois heures ils s'éveilleront sains et saufs.

— Dieu soit loué !

. . . .

Le jour vint.

Pierre Lottard et François Rigaud s'éveillèrent, et grand fut leur désappointement en s'apercevant que le prisonnier confié à leur garde avait disparu.

En un moment, cette nouvelle se répandit dans la crypte... Elle y occasionna un émoi qui se traduisit par des clameurs d'étonnement et de rage. Il y eut unanimité pour accuser le curé. Tout autre eût payé cher l'audace d'une semblable action. Quelques doutes s'élevèrent aussi à l'égard de la conduite de Rémy dans cette affaire : on l'accusait de participation, et le pauvre magister vit le moment où l'on allait lui faire un méchant parti. Cependant il n'essaya que faiblement de se disculper. L'homme qui a le courage d'une bonne action a également celui d'en subir les conséquences : s'en défendre lui semblerait une lâcheté. D'ailleurs, la conscience ne s'accommode guère de transactions dictées par la crainte ; elle se sentirait offensée s'il fallait qu'elle s'y soumît. Faire le bien est le privilège des natures droites et élevées ; or, de telles natures ne se renient pas elles-mêmes en face d'un péril, quelque éminent qu'il puisse être, c'est là, au contraire, qu'elles grandissent encore !

Les choses en étaient là, quand le père Foubert parut, encore exaspéré de la scène qui venait de se passer à la *Clairière-aux-Loups*, entre lui, sa fille et Martial.

Martial et Louise ne tardèrent pas à le joindre.

Au mouvement inaccoutumé qui régnait dans la crypte, les trois arrivants comprirent qu'un événement venait de s'accomplir. En peu de mots, ils furent au courant, et chacun d'eux ressentit, à la nouvelle de l'évasion, des impressions bien différentes, comme il est aisé de le concevoir.

Depuis plusieurs heures, les discussions, les commentaires

avaient succédé à la stupeur du premier moment. Louise remerciait le ciel, dans le fond de son cœur, d'avoir exaucé sa prière et pris pitié de ses larmes.

— Mon Dieu ! — disait-elle, — vous aviez ensemencé mon cœur d'espérance et de joie, ce ne pouvait être pour y faire croître les fruits amers du regret et de la douleur !

Elle avait appris, par le vieux curé, les moindres particularités de la fuite de celui qu'elle aimait.

Tout-à-coup les conversations se turent. On prêta une oreille attentive. C'est que, du dehors, on venait d'entendre gronder le canon et qu'un feu de peloton succédait à cette voix connue.

Etait-ce un corps de l'armée française qui attaquait le village? La lutte recommençait-elle, ou bien les ennemis, guidés par le prisonnier en fuite, fondaient-ils à l'improviste sur quelques-uns des campements disséminés dans le bois ?

L'alarme fut grande. Lorsqu'on vit ainsi sur le qui-vive, dans l'attente, tout fait acquiert des proportions exagérées ; le moindre incident prend des apparences menaçantes, l'impossible paraît vraisemblable.

Les hommes s'armèrent en toute hâte, tandis que les femmes et les enfants cherchaient un refuge dans les galeries les plus secrètes du souterrain.

Un quart d'heure s'écoula.

Enfin, un jeune garçon du village, courant, hors d'haleine, fit irruption.

On l'entoura, on le pressa de questions.

— Voyons, dis, parle... d'où viens-tu, Nicolas ?

— Du bois.

— Que se passe-t-il par là-haut?

— Je n'y comprends trop rien...

— Pourtant... as-tu vu?...

— Oui dà!

— Quoi donc?... Se bat-on?

— Non point. Les Russes enterrent un de leurs officiers qu'une védette des Cosaques a tué ce matin d'un coup de carabine dans la tête.

— Que dis-tu là, garçon?

— La vérité. Il paraît que cet officier avait une blouse par-dessus son uniforme et un chapeau ordinaire; si bien que le soldat de faction, le voyant sortir du bois et déboucher dans les vignes de la côte, l'a pris pour un de nous autres.

— Comment sais-tu ça?

— C'est un de ceux de la Loge-Pinard, qui coupait de l'herbe pour les bestiaux de leur campement, ce matin à l'aube, qui a vu le coup.

— Ah! c'est lui! — exclama le curé en joignant les mains.

Louise, qui l'avait suivi et écoutait en tremblant, poussa un cri désespéré.

Martial la soutint : elle allait tomber.

Tous les yeux se tournèrent de son côté.

— Oh! je comprends! — grommela le père Foubert.

— Qu'a donc la *demoiselle*? —dirent quelques voix.— On croirait qu'elle va se trouver mal.

— Elle n'a rien, — dit Foubert indigné.

— Si! — repartit vivement Martial, dans le but de détourner les soupçons; — elle a que je suis un maladroit!...

que je lui ai fait mal avec ma carabine en me retournant brusquement. Pardon, Louise.

Louise n'entendait rien. La figure cachée dans ses mains, elle ne cessait de répéter en sanglotant :

— Oh! ma tête!... ma tête!... j'en mourrai!

Martial l'entraîna, éperdue, loin de tous ces regards interrogateurs et surpris.

— Je veux mourir aussi!... laissez-moi... — disait la pauvre enfant, essayant de se dégager.

— Du courage! — répondait Martial d'un air abattu ; — j'en ai bien, moi!...

Louise ne mourut pas. Mais trop de secousses avaient ébranlé cette frêle organisation. Elle tomba gravement malade. Elle eut de longues nuits de fièvre et de délire. Les soins empressés du curé, de Martial et du vieux Foubert, dont la colère s'était fondue en tendresse en présence des déchirements de cette âme, la retinrent à la vie. Comme une fleur pliée, mais non brisée par l'orage, elle se releva lentement.

Sur ces entrefaites, les alliés évacuèrent.

Les fugitifs reprirent possession de leur village. La vie d'autrefois cicatrisa bien des blessures du cœur, elle rendit à chacun un peu de gaîté; seule, Louise semblait vouée à une douleur éternelle. Comme cette désolée et poétique fille du chant de Schiller, son regard, sa voix, son attitude, tout semblait dire :

« Mon cœur est mort ; le monde est vide : il n'accorde
« plus rien à mes désirs. J'ai goûté le bonheur de la terre :
« j'ai aimé, j'ai vécu! Quand la douce joie d'amour a dis-

« paru, la félicité du cœur souffrant est dans les plaintes « et les regrets. »

Martial n'osait lui rappeler ses promesses : il respectait une telle douleur. Seuls, ses yeux paraissaient parfois l'interroger.

Louise comprit. Un jour, elle lui saisit la main :

— Mon frère, il est bien tard... je suis morte à l'avenir... Pardonnez-moi... Voudriez-vous d'un cœur si plein d'une autre image ?

— J'attendrai, — dit-il, — le temps peut beaucoup.

Louise secoua la tête d'un air de doute.

Vinrent les Cent-Jours. Martial, que cette vie paralysait, courut se ranger sous les drapeaux de son Empereur.

Il fut tué à Waterloo.

XII.

Deux personnes nous attendaient chez le beau-père de Victor. La première était un homme dans la vigueur de l'âge, au maintien simple et calme. Bien qu'il fût affligé de cécité, cette infirmité hâtive, qui, chez beaucoup d'individus, éteint la physionomie, n'avait rien enlevé à l'expression fine et doucement railleuse de ses traits. On devinait une riche nature sous cette enveloppe sereine ; on sentait que loin de s'affaiblir, le moral avait plutôt gagné de la perte d'un sens précieux qui, en s'éteignant, avait développé la délicatesse des autres : comme ces feux concentrés qui gagnent en intensité ce qu'ils perdent en expansion.

Le second était un homme jeune et d'allure ouverte.

Le plus âgé se nommait M. André-Barrois, un négociant de Reims. Le plus jeune, Adolphe Cadet, était un ancien élève de l'Ecole des Arts et Métiers de Châlons, et, pour le présent, le possesseur d'une minoterie qu'il exploitait dans la propriété appelée le *Moulin-Bleu*.

M. Schivre se trouvait là en pays de connaissance, ainsi que madame F*****. Quant à Victor, depuis notre arrivée, il avait disparu. Nous le soupçonnions à la cave et ne savions trop que répondre aux questions de ces messieurs sur les causes de son absence.

Après les compliments et présentations d'usage, nous connûmes le motif de la visite qui nous survenait. Ainsi que le poëte Ribottin nous l'avait appris le matin, il y avait une fête de famille au *Moulin-Bleu*, à l'occasion d'un baptême. Des invités qui avaient rencontré Onézyme sur la route, occupé à chercher ses manuscrits, étaient parvenus à savoir de lui que nous nous acheminions vers Saint-Martin-d'Ablois. Aussitôt l'on avait formé le projet de nous attirer parmi les conviés du *Moulin-Bleu*, et l'on venait nous chercher pour dîner.

— Il est trop tard ! — objecta madame F***; — notre dîner est prêt ici. Nous ne pouvons, au surplus, fausser compagnie à mon père, et...

— Nous pardonnerez-vous, mesdames ? commença, en souriant, M André-Barrois...

— Quoi ?

— Une bien grande témérité.

— Oh ! mon Dieu ! vous nous faites peur... dites !

— Sachez que, profitant de votre absence, nous avons osé...

En ce moment, un vacarme terrible retentit du côté de la cuisine. Il s'y faisait un remue-ménage incroyable de casserolles, de vaisselle, que dominait avec un accent lamentable la voix de Victor.

— Jeannette ! Françoise ! — criait-il, — ah ! corbleu ! ah ! diable ! C'est une infamie ! c'est un guet-apens !... ah ! ah ! ah !

Le souffle lui manquait.

Et le tapage allait crescendo.

— Eh ! que lui arrive-t-il donc ? — dit madame F***, prompte à s'alarmer.

Comme elle allait sortir, Victor, pâle, effaré, exalté, désespéré, parut sur le seuil, tenant une casserolle vide dans chaque main.

— Savez-vous ce qu'il y a ? — s'écria-t-il, suffoqué par l'émotion.

— Nullement, et nous vous le demandons.

— Eh bien...

— Eh bien ?

— Il n'y a rien... rien du tout !..

— Alors, pourquoi cette plaisanterie ?..

— Vous ne comprenez pas ?.. ils ne comprennent pas ! — exclama-t-il avec un geste superbe.

— Nous écoutons.

— Il n'y a pas de dîner !.. rien ! pas l'ombre ! Comprenez-vous, à présent ?..

Par un mouvement tout tragique, il leva les mains au plafond, et agita ses casserolles.

— Tous les feux éteints, tous les plats intacts, toutes les cocotes vides ! — répétait-il.

Nous nous regardâmes ébahis.

Ce gros compagnon, que nous supposions à la cave, passait une inspection de la cuisine.

Malgré son trouble, il venait de reconnaître les deux survenants.

— Vous ici ? — s'écria-t-il avec un redoublement d'émoi. — Je vous en fais mon compliment ! Vous tombez à propos... ah !.. rien ! rien ! On ne dîne plus : le monde va finir !..

— Remettez-vous, mon cher Victor, — lui dit M. André-Barrois, en souriant doucement, — et laissez-moi achever une phrase que votre arrivée a interrompue.

Puis, se tournant vers madame F*** et Marguerite.

— Je réclamais donc votre indulgence, mesdames, pour notre hardiesse. Nous avons fait suspendre les apprêts de votre repas afin de vous ôter tout prétexte de refuser le nôtre.

— Quelle idée !... c'est fort mal !...

— Trahison ! — s'écria Victor. — On a bien raison de dire qu'on n'est trompé que par ses amis.

— Nous pardonnerez-vous ? — insista M. André-Barrois.

— Faut-il ? — demanda madame F***, en se tournant avec un sourire vers Marguerite.

— Mais, — dit celle-ci, — nos toilettes me semblent un peu négligées pour nous montrer indulgentes.

— Bah ! Pardonne, pardonne ? — dit à mi-voix Victor à sa femme, en la poussant du coude, — leur dîner vaudra mieux que celui qu'on improviserait ici, et j'ai pour principe qu'il faut se montrer coulant sur les délits dont on profite.

— Cela s'appelle une conscience de caoutchouc, — remarqua M. Schivre.

— Les gourmands n'en ont point d'autres ; — ajouta monsieur Adolphe Cadet.

— C'est un enlèvement, mesdames, que nous venons opérer ici, — dit galamment l'aimable aveugle.

— Allons ! nous nous rendons, messieurs, pour vous éviter une telle extrémité, — répondit enfin madame F***, après s'être consultée avec Marguerite.

— Ah ! je renais, — exclama Victor.

— Jeannette, faites atteler.

— Oh ! c'est inutile, — observa M. André-Barrois, — c'est si près ! Ne nous privez pas, mesdames, de la faveur de vous offrir le bras.

— Et puis cela nous éveillera l'appétit, — ajouta M. Adolphe Cadet.

— Que dit donc celui-ci ? — gronda Victor stupéfié ; — il est donc bien amoureux, que son estomac a besoin d'être excité par la promenade.

Et il lança un regard farouche à son ami.

— Je ne puis m'expliquer, — dit M. Schivre, — pourquoi ce matin, lorsque l'estomac nous criait à tous merci, quand notre défaillance était si justifiée par le besoin de reconfort, notre gros compagnon semblait moins impatient que nous d'arriver au but où nous attendait un repas succulent, tandis qu'à l'heure présente il crie famine et se montre si intraitable sur l'article dîner.

— Votre réflexion est oiseuse. Ce matin, j'avais pris un modeste à-compte, pendant que vous vous abandonniez mollement aux pavots de Morphée.

— Oh ! le perfide !

— En quoi, s'il vous plaît ?

— Ne pas nous réveiller.

— Vous dormiez si bien ! c'eut été dommage.

— Cependant...

— Du tout. D'ailleurs, il y a un proverbe où il est dit : « qui dort dîne, » à plus forte raison déjeune.

— Nous vous abandonnons à vos sophismes et à vos remords, — dit sentencieusement M. Schivre.

— Ça ne ne m'ôtera pas l'appétit. Je veux me bien nourrir pour me repentir longuement. Partons.

Tout en débitant ces folies, nous suivions le chemin qui conduit au *Moulin-Bleu.*

Le jugement que, de prime-abord, nous avions porté sur nos nouveaux compagnons n'était point erroné. L'occasion se présenta maintes fois d'apprécier l'esprit fin, pénétrant et distingué de M. André-Barrois, et la cordialité, les connaissances étendues, variées de M. Adolphe Cadet.

— N'y a-t-il pas de théâtre à Saint-Martin ? demandai-je à ce dernier.

— Non. Un jour il s'est trouvé quelques amateurs rustiques à qui la lumineuse idée de jouer *Les Précieuses* a poussé. J'assistais à la représentation. Pauvre Molière ! Je ne me souviens que d'un passage, celui où Madelon dit à Gorgibus : « La belle chose que ce serait vraiment, si d'abord « Cyrus épousait Mandane et qu'Aronce, de plain-pied, fut « marié à Clélie. » Voici dans quel style plantureux nos artistes campagnards ont traduit cet endroit du dialogue : « La belle affaire que ça serait, dà ! si tout d'un coup *six* « *Russes* épousaient *Membrane* et que la *ronce* en plein-

« pied fut mariée au *Céleri.* » Bien que cela fut original, on ne l'a pas compris, et la foule n'est pas revenue aux représentations suivantes.

— Vous avez bien raison de dire : Pauvre Molière ! — répliquai-je ; — il paraît que c'est le destin des grands hommes d'être outragés après leur mort comme pendant leur vie.

Par un de ces caprices si fréquents de la conversation, on en vint tout naturellement, des comédiens de Saint-Martin, à parler politique. Il s'agissait des révolutions, des avantages qu'elles procurent, des maux qu'elles engendrent. Les avis se trouvaient partagés : non qu'il se trouvât parmi nous des démagogues, mais parce qu'il y avait des philosophes, gens qui veulent sonder, peser, connaître, approfondir le pour et le contre des choses. Nous raisonnions sur les révolutions, leurs causes, leurs effets, comme les chimistes discutent sur la nature des poisons, sans aimer pour cela le sujet qu'ils traitent.

Tout-à-coup, Victor, que son appétit rendait silencieux, éclata par une sortie cicéronienne :

— Ne me parlez pas des révolutions, — dit-il, — je les ai en horreur !.. Non-seulement à cause des perturbations irréparables qu'elles occasionent, sous le prétexte fallacieux d'améliorations auxquelles les agitateurs eux-mêmes ne croient point ; non-seulement à cause de leurs violences, de leurs ridicules, — ce qui est pourtant quelque chose, — mais parce qu'elles ont pour effet immédiat de mettre à nu, dans toute sa laideur, la bassesse de l'âme humaine. Après la chasse, vient la curée, et chacun brûle de tremper sa langue dans le sang répandu ; chacun veut se repaître des dépouilles des vaincus. C'est le lendemain de la chute d'un pouvoir que se dessinent, fièrement campés sur leur piédestal d'infamie, les Judas qui le trahissaient en baisant ses pieds, les apostats qui l'adulaient et qui l'insultent. J'ai déjà vu tant d'exemples de ces lâchetés, qu'au seul souvenir, le cœur me lève. Oh ! si je voulais, moi, journaliste; moi, qui enregistre les faits et gestes de chacun ; moi, qui suis indépendant; moi, qui suis honnête homme, si je voulais, je citerais le nom de beaucoup de ces individus... Mais à quoi bon?.. Ils ne rougissent plus, et mon stygmate se salirait sans les punir !

— Bravo ! bravo ! — dîmes-nous tous d'une voix.

Nous nous confondîmes dans une commune opinion pour reconnaître que la faim développait singulièrement les facultés oratoires de notre ami.

— Oh ! s'il en est ainsi, — s'écria-t-il, — je renonce à la gloire.

— On a bien raison de dire alors que la faim est mauvaise conseillère.

Victor s'était remis à fredonner une chansonnette.

Il y a chez notre ami, sous une apparence d'insouciance et de frivolité, un fonds de raison qui souvent jaillit en folâtres étincelles; mais qui, à d'autres moments, illumine comme un éclair. C'est une terre simple où croissent des fleurettes champêtres, mais qui cache des mines précieuses dans ses profondeurs.

Nous débouchâmes bientôt dans la vallée au fond de laquelle est situé le *Moulin-Bleu*.

Nous fûmes introduits dans cette habitation. La compagnie y était nombreuse et choisie. Nous trouvâmes dans la maîtresse du lieu une jeune femme avenante, empressée, gentille. On procéda aux présentations, aux reconnaissances. Ce fut aussi le moment où, voulant connaître mutuellement à qui l'on avait affaire, il y eut, de part et d'autre, un échange de regards investigateurs.

Nous prîmes place à table, car l'on n'attendait que nous; et le repas commença au milieu des conversations et des élans d'une gaîté douce, aimable, communicative.

J'étais près de madame Victor, qui voulut bien me donner quelques détails sur plusieurs des convives. De l'autre côté, j'avais pour voisin un homme fort distingué, M. Jules Vuilleminot, manufacturier de Reims. Une seule place était encore inoccupée. Sur l'assiette s'épanouissait un rouleau bleu tendre, fermé par une faveur rose.

Je reconnus les manuscrits de M. Onézyme Ribottin. Vraisemblablement, l'infortuné les cherchait encore. Fidèle à sa promesse, M. Schivre les avait fait remettre. Notre poète allait donc venir, lorsque la nuit l'obligerait à cesser ses explorations.

La majorité des convives était composée de Rémois et de Sparnaciens, gens d'esprit pour la plupart, et pour *l'entertainment* desquels le maître du logis avait invité non-seulement Onézyme, mais aussi l'un de ses commettants, homme de cinquante ans environ, qui trônait à l'un des coins de la table, dans un somptueux habit noir et une éblouissante cravate blanche rigoureusement empesée.

Ce monsieur, le plaisant reconnu de Saint-Martin, était le baron Curtius Castatzgatski, réfugié polonais de la plus singulière pâte. Poète par hasard, musicien par occasion, peintre par circonstance, à ces talents variés le baron joignait des talents moins sérieux. Par exemple, il faisait de son nez, de sa bouche et de ses mains tout ce qui lui passait par la tête. Il imitait la trompette, les cloches, le cri des animaux des bois, le chant des oiseaux, depuis les roulades du rossignol jusqu'au pépitement des poulets. Lorsqu'il voulait bien se mettre sous une table, on entendait sortir de là des aboiements, des grognements, des miaulements, des cris, des sifflements à faire croire qu'il se livrait dans l'ombre un combat entre toutes les bêtes de la création... et pourtant il n'y en avait pas d'autres que lui. Ce qui était réjouissant à l'excès, c'est qu'il assaisonnait sa conversation de cet expressif moyen de rendre ses idées; Parlait-il d'une tempête, vous entendiez le tonnerre, le bruit de la pluie, le clapotement des vagues, les hurlements du vent; était-il question d'un cheval, il hennissait; d'un mouton, vous l'entendiez bêler mélancoliquement; d'un âne, il le personnifiait d'autant mieux qu'il se mettait à braire. Je ne dis rien de la manière surprenante, saisissante même, dont il dansait la Polichinelle, de sa dextérité à escamoter, et surtout de sa supériorité à casser des noisettes entre ses doigts et des noix avec son jarret.

Pour exalter encore l'originalité naturelle du baron, on avait placé Victor entre lui et sa sœur, madame veuve Zurlica Petrowiska, femme qui n'avait d'autre particularité qu'une figure insignifiante et un nez rouge. Puisque je viens de prononcer le nom de cet intéressant organe, je ne puis m'empêcher de constater ici que le peu de paroles que disait madame Zurlica, elle les prononçait du nez; que le peu qu'elle riait, c'était du nez; que le peu qu'elle chantait, toujours le nez. Toutes ses actions semblaient soumises à payer un tribut à cet organe. Elle vivait par le nez comme d'autres vivent par le cœur.

Ainsi flanqué, Victor devait être une cause d'excitation. Faire naziller l'une et faire éclater l'autre, telle était sa mission. Il n'y faillit point. Dès le commencement du repas, j'ignore quelles étourdissantes histoires il raconta à sa voisine, quelles voies il ouvrit aux aptitudes de son voisin, mais nous entendîmes éclater en rires le bout du nez de la première, tandis que le second s'épuisait à imiter le souffle saccadé d'un phoque; le tout suivi d'une fanfare guerrière.

Nos rois entretenaient des fous, nos régiments eurent leurs loustics, nos mélodrames ont leurs niais, rien donc de plus naturel qu'une société de gens d'esprit, réunie dans un but de plaisir, ait voulu avoir les siens. C'est, comme je l'ai dit, à cette fin que Ribottin, le baron et sa sœur avaient été convoqués.

Vers le milieu du repas les conversations devinrent plus vives, bien qu'elles fussent encore limitées à des groupes de deux ou trois personnes.

Assis entre madame F*** et la maîtresse du logis, M. Perribère les intéressait vivement au récit de je ne sais quelle romanesque aventure dont son imagination méridionale lui fournissait au moins les détails, sinon le fond.

Tandis que chacun discourait avec son, sa ou ses partenaires, Marguerite était en grande discussion scientifique avec ses deux voisins, MM. Villeminot et Schivre.

Vous avez maintes fois remarqué, mon cher Anatole, pendant cet été de 1847, dont nous passâmes une partie à votre joli château de Rennecy, quel effet différent Marguerite produit sur les individus. Son caractère droit, indépendant, quoique doux, son esprit porté à n'accepter aucune idée sans en discuter la valeur, sans la passer, pour ainsi dire, au crible fin de son analyse, la font l'ennemie naturelle des sots présomptueux et tranchants, qui entendent imposer sans discussion leur manière d'envisager les choses. Les gens de cette espèce se sentent offensés d'une supériorité qui les pèse ; leur amour-propre s'irrite d'une contradiction où fort rarement ils brillent, et, vous le savez, mon ami, l'amour-propre qu'on froisse, même avec les armes courtoises de la raison, ne pardonne jamais. En revanche, les personnes d'une réelle supériorité, d'une valeur incontestable, qui pensent que la lumière jaillit du contact des idées dont la discussion, au surplus, élargit le cercle, celles-là se complaisent dans la fréquentation de cet esprit assez indépendant pour être exceptionnel, assez capricieux pour être original. Voilà ce qui explique pourquoi vous avez vu près de nous, soit des gens qui nous faisaient triste visage, soit des personnes vraiment affectionnées : d'indifférents, peu ou point.

Ceci est pour vous dire que MM. Schivre et Villeminot, deux esprits distingués dans la science, prenaient un grand intérêt à causer avec Marguerite sur un sujet fort aride en apparence, quoiqu'en réalité, il fut des plus dignes de captiver l'attention. Notre ingénieur expliquait le mécanisme d'une locomotive en homme compétent; il en détaillait avec lucidité toutes les parties et émettait ses opinions sur le perfectionnement dont chacune d'elles était susceptible. De son côté, Marguerite, incapable de s'aventurer dans les sentiers difficiles de la science, où elle se fut d'ailleurs perdue dès le premier pas, tirait des conséquences morales des forces motrices de la vapeur appliquées à l'agriculture, à l'industrie, à la navigation. Enfin, dans ce coin-là, on combattait, on raisonnait, on supposait : ces messieurs, en hommes experts et pratiques, sûrs d'eux-mêmes ; Marguerite en novateur, en utopiste, en philosophe !

Bientôt la conversation tendit à se généraliser, sans bruit, sans éclat, comme il convient entre gens de bonne compagnie qui essaient d'avance, sur la pierre de touche du goût, le bon aloi des moindres saillies qui leur échappent.

La jeune mère dont on fêtait les relevailles se montrait ravissante de simplicité et d'abandon. Placé entre sa femme et sa fille, notre aimable aveugle était l'objet incessant de leur sollicitude. Il semblait savourer ce parfum du cœur qu'on appelle l'affection et que le cœur seul est susceptible d'apprécier.

Successivement la causerie revêtit toutes les formes. On vint à discuter l'opportunité d'un embranchement projeté entre Reims et Epernay. Les ingénieurs, une fois sur ce terrain, développèrent leurs plans, leurs théories. Ils préconisèrent cette future jonction, au moyen de laquelle on se promettait de plus fréquents rapprochements.

Victor faillit se faire berner en disant que ce serait un beau jour pour lui, celui qui ferait de Reims un faubourg d'Epernay. Il lui fallut tout son calme, tout son esprit pour conjurer la tempête que la hardiesse d'une pareille proposition souleva parmi l'élément rémois qui se trouvait là en majorité. Par un de ces revirements qui lui sont familiers lorsqu'il veut dérouter ses auditeurs, il esquiva les interpellations en se levant et en disant :

— Il m'est venu tout-à-l'heure une réflexion que je veux vous soumettre. Je m'occupe de comparaisons, et voici celle dont la vérité m'éblouit moi-même. Jugez-en. Lorsque je vois des jeunes gens faire leurs premiers pas dans le monde, encore tout confits des caresses de la famille, confiants, aveugles, pleins d'illusions ; quand je les vois, dis-je, se heurter, se meurtrir à tous les angles de l'égoïsme humain, à toutes les aspérités morales de la société, et s'étonner des froissements imprévus qu'ils éprouvent ; ils me font l'effet de ces jeunes chiens, brusques, alertes, imprévoyants et mus par un débordement de sève, de folâtrerie, heureux de vivre, qui, ne songeant qu'à jouer, se cognent étourdiment à tous les objets qui les entourent.

— Quel galimatias ! — fit observer M. Perribère.

— Et comme l'à-propos est difficile à saisir, quelque perspicacité qu'on ait ! — hasardai-je à mon tour.

— Chut ! ne me troublez pas. Je poursuis, — reprit Victor. — Voyez les uns; observez les autres. Quelle similitude !... N'est-ce point la même surprise inquiète de rencontrer tant d'obstacle dans un chemin qu'on supposait si doux, si charmant ; cela dure, jusqu'à ce que les années, l'expérience, la douleur leur aient donné une circonspection qui n'est que bien rarement l'apanage naturel des jeunes âmes.

— Assez ! assez ! On ne comprend rien à ce pathos ! — s'écrièrent plusieurs convives surpris d'une telle exubérance de paroles.

— Je vous ai promis une déduction philosophique et je vous l'ai donnée. La conclusion la voici : « O jeunesse naïve ! que tes premiers pas sont pénibles, que tes premiers étonnements sont douloureux !... J'ai dit.

— Machiavel ! — grommela M. Perribère, — il a voulu faire perdre la piste à ses adversaires.

— Eh ! bien, n'ai-je pas réussi ? — interrogea Victor d'un regard.

Effectivement, le hors-d'œuvre de notre gros ami venait d'ouvrir la voie à des dissertations sur les qualités morales particulières aux divers âges de la vie.

— J'ai souvent réfléchi sur ce sujet, — dit Marguerite, — et voici quel est le résultat de mes observations. En général, les instincts de l'enfance sont mauvais : ils la portent à détruire. Ceux de la jeunesse, au contraire, sont généreux, ils la poussent irrésistiblement dans la voie des dévouements absolus. C'est l'époque, pour les êtres, des abnégations et aussi des vanités. Les instincts de l'âge mûr, revêtent une allure moins décidée, plus réfléchie : leur propension est à la prudence. Quant à ceux de la vieillesse, il en est comme de ces corps que le contact des flammes a fait tordre et a desséchés. On croirait que le feu de la vie les a rétrécis et réduits à leur plus simple expression. Sans contredit, il y a de nombreuses et honorables exceptions à cette règle, mais la généralité de ces instincts tend à la mesquinerie et rendent l'âge caduc enclin à l'égoïsme, à la jalousie, à la défiance, à l'acrimonie. C'est ainsi, selon moi, que les instincts, comme les facultés des êtres, subissent des modifications sensibles en traversant les phases diverses de l'existence. C'est ainsi que chaque temps a ses degrés de chaleur, de lumière et...

Marguerite fut interrompue, à cet endroit de son discours, par l'entrée soudaine d'un individu.

Chacun tourna la tête du côté de la porte :

C'était Onézyme Ribottin.

XIII.

Le poète nous apparut haletant, poudreux, hâve. La douleur et le besoin l'avaient dévasté. Nous fûmes tous saisis d'un réel sentiment de pitié en le voyant de la sorte, et plus d'un regard se tourna du côté de M. Schivre avec l'expression du reproche. Lui-même, il nous l'avoua plus tard, était au regret de sa plaisanterie.

— Terrible journée ! — dit le poète, — voici sept heures que je me nourris de poussière, que je m'abreuve de désespoir et que toutes les parties de mon être s'émaillent d'intolérables coups de soleil... et rien ! rien !..

— Pourquoi une telle persistance ? — hasardai-je.

— Peut-on adresser cette question à un malheureux comme moi ! O raillerie des hommes, assaisonnement inévitable des dérisions du sort !.. ô misère !.. Demander à l'individu qui a perdu son trésor : « Pourquoi cherches-tu ? »

— Que ne tîntes-vous compte de mes paroles de tantôt ?

— dit M. Schivre, — ne vous avais-je point promis qu'avant la fin de la journée vous rentreriez en possession de vos œuvres?

— On ne croit pas à ces choses-là.

— Voilà où est le tort.

— Comment?

— Regardez !!!

Et M. Schivre désignait au poète le rouleau bleu à faveurs roses.

Celui-ci fit un bond, ses prunelles se dilatèrent, il ouvrit la bouche, il écarta les bras; mais, vaincu par l'émotion, il ne put articuler une syllabe ni toucher à ses poèmes chéris, et tomba sur un siège en proie à une suffocation.

On le rappela à la vie, c'est-à-dire au bonheur.

Avec quelle inexprimable sensation de félicité le pauvre garçon s'empara alors des précieux manuscrits! Comme avec tendresse il les palpa, les parcourut, les admira! il ne pouvait croire au prodige qui les lui rendait à l'heure même où le dernier espoir l'avait abandonné.

Ne sachant comment exprimer sa reconnaissance, il se précipita sur M. Schivre qui eut mille peines à se dérober à son accolade.

A défaut de cervelle, il y avait donc un cœur chez ce pauvre garçon! cette nature n'était point trop disgraciée puisqu'elle avait reçu une telle compensation.

Dès ce moment Ribottin retrouva toute sa verve, et nous comprîmes qu'en dépit de ses fatigues, il aurait l'abandon que nous lui avions trouvé le matin.

— Victoire! — s'écriait-il en s'essuyant les yeux et en pressant de temps à autre ses poèmes sur son sein.

— Allez musique! — dit gaîment Victor.

Comme si ces paroles eussent été un signal, le baron polonais entonna une fanfare triomphale qui eut un grand succès.

— Quel est ce monsieur qui joue de la trompette avec sa bouche? — demanda ingénument Onézyme à Victor.

— Un des premiers génies de la Pologne.

— Pour la musique?

— Pour tout.

— Vraiment?.. il n'en a pas l'air, — murmura le poète un peu contrarié de rencontrer un rival sur sa voie.

— Il fait l'admiration générale.

— Hum!... A la manière dont il imite les instruments j'aurais dû pressentir un homme supérieur.

— Hé! hé! rien ne vous échappe.

— Rien!

De son côté, le baron regarda le poète de travers. Il était aisé de comprendre que ces deux hommes se déplaisaient à première vue.

Tandis qu'Onézyme réparait vaillamment les forces qu'il avait dépensées durant ses longues explorations, les conversations reprirent leur cours.

Tout-à-coup il se frappa le front et parut dominé par une réflexion subite.

— Pardon, — dit-il en s'adressant à M. Schivre, — mais veuillez me tirer d'une perplexité en me disant pourquoi vous saviez que je retrouverais mes poèmes; pourquoi vous les avez vus sur la route où ils n'étaient pas, et pourquoi ils se trouvent ici ?.. Ce qui m'arrive, à moi, est toujours original, mais ceci est de la magie.

L'explication n'était nullement facile à donner.

Chacun attendit la réponse. Voyant que son ami était lent à la formuler, Victor résolut, par une diversion habile, de le tirer de ce cas épineux. Il prit une pose théâtrale et dit au poète :

— Pourquoi... demandez-vous?... Un homme d'esprit ose-t-il hasarder une semblable question !.. Ne savez-vous point qu'en ce monde mal bâti il y a peu de *pourquoi* susceptibles de rencontrer un *parce que* moral ? Qu'auriez-vous à riposter, par exemple, si je vous demandais :

Pourquoi le mérite est modeste et la nullité présomptueuse ?

Pourquoi la morale trouve-t-elle tant d'apologistes et si peu de disciples ?

Pourquoi les faveurs sont-elles le plus souvent l'apanage des intrigants ?

Pourquoi se courbe-t-on devant les sots que la fortune favorise, tandis que l'on tourne le dos aux gens de valeur qu'elle délaisse ?

Pourquoi les femmes deviennent-elles acrimonieuses et jalouses en vieillissant ?

Pourquoi, une fois vieilles, sont-elles plus coquettes que les jeunes et partant fort ridicules ?

Pourquoi les gens que nous obligeons deviennent-ils nos ennemis et paient-ils nos services en impertinences ?

Pourquoi tant de bavards nous obsèdent-ils sans relâche

en supposant notre patience aussi longue que leurs histoires ?

Pourquoi la sottise est-elle envieuse ?

Pourquoi les femmes les plus perdues sont-elles les plus prudes et les plus impitoyables?

Pourquoi tant de sots ont-ils la prétention d'être nobles de nom sans même être nobles de cœur ?..

Pourquoi? Pourquoi?.. Je pourrais multiplier à l'infini cette interrogation saugrenue sans que vous y trouviez une réponse satisfaisante. Le fond vrai de la chose, c'est que notre humanité est bète, ingrate, méchante, injuste, égoïste, corrompue, ridicule, etc. Cela vous explique tout et va au-devant des questions que vous pourriez songer à faire encore. Qu'avez-vous à opposer à cet irrésistible argument? Rien, n'est-ce pas?.. Vous me comprenez suffisamment. Ce n'est point à un homme d'esprit comme vous l'êtes, M. Ribottin, qu'il faut expliquer par A plus B un raisonnement, ce serait vous faire injure, avouez-le !

Onézyme ahuri, abasourdi par la loquacité irritante de Victor, avait écouté cette longue tirade dont-il ne saisissait point l'à-propos, l'œil terne, la bouche béante.

Lorsqu'elle fut débitée, voulant paraître digne de la péroraison et surtout de l'opinion qu'on semblait avoir de son intelligence, il fit un signe d'adhésion et dit avec un sourire :

— C'est une autre affaire. Je m'explique tout et n'ai plus le moindre étonnement.

— Voyez un peu, mesdames, ce que c'est que le génie! — exclama emphatiquement Victor, — il rend l'homme perspicace au point de percevoir de ces choses profondes qui échappent aux sens du vulgaire.

Onézyme fit la roue.

— Malheureusement le génie ne court pas les rues, — grommela le baron mécontent de l'attention qu'on prêtait à son rival.

— Hé! monsieur, vous l'eussiez vu tantôt courir les champs, — riposta M. Schivre avec un petit sourire excitant.

Ribottin s'inclina épanoui.

Le baron fit la grimace et se versa à boire en imitant le glouglou d'une bouteille à goulot étroit.

Sur ces entrefaites, un domestique vint annoncer que le café était servi. Nous passâmes au salon. Alors la société se divisa par groupes. Une des dames se mit au piano et préluda. On établit deux tables de jeu. Les causeries suivirent leur cours, stimulées par le moka à l'arôme exquis.

Ribottin et le baron s'étaient toisés un moment du regard comme deux coqs en colère, se préparant au combat. Enfin le premier, qui jusque-là avait recueilli les suffrages, fit un pas en avant.

— Monsieur, — dit-il, — on prétend que vous êtes aussi un grand poète ?

— On a cette bonté, monsieur, — répliqua très-sèchement le noble polonais.

— Enchanté alors, monsieur, de faire votre connaissance.

— Vous ne me voyez pas moins ravi de la vôtre, monsieur.

Ils échangèrent un salut glacial.

Onézyme ne se rebuta point :

— Quel genre avez-vous choisi ?..

— Tous, monsieur.

— C'est beaucoup.

— Vous trouvez ?

— Quoi ! n'en préférez-vous aucun ?

— Si... peut-être... le genre imitatif.

— Qui consiste à...

— A imiter les instruments...

— Ah ! ah ! je sais...

— Et les bêtes aussi, monsieur.

— Oh ! oh ! je comprends.

— Pour vous servir, monsieur.

— Vous êtes bien bon. Mais ne me favoriserez vous point de quelqu'œuvre nouvelle de vous.

— Tout de suite, monsieur.

Et le baron, introduisant ses index dans chacune de ses narines et ses auriculaires à chaque extrémité de sa bouche, se mit, avec la plus affreuse grimace, à jouer un air de mirliton sans le secours de cet instrument.

— Voilà ! — dit-il quand il eut terminé.

— Merci de votre obligeance !..

— Alors vous pensez de ce morceau ?

— Que... mais...

— Votre hésitation est une critique.

— Cependant... je puis bien...

— Vous vous taisez.

— Du tout.

— Si fait, monsieur.

— Je ne suis point suffisamment compétent pour me prononcer sur ces sortes de choses.

Les adversaires commençaient à s'échauffer.

Je m'avançai entre eux.

— Mais c'est un sot ! — me dit Onézyme d'un ton méprisant en se penchant à mon oreille droite.

— Ce n'est qu'un imbécile, votre poète ! — me souffla le baron à l'oreille gauche en levant les épaules.

Comme c'était de tout point ma conviction, je fis à chacun d'eux un signe approbatif et les laissai en présence.

Un cercle venait de se former autour de notre aimable aveugle qui racontait une historiette dont il était le héros. Autant que je me souvienne, il rappelait que sept années auparavant, surpris par la nuit, il s'était vu dans l'obligation de coucher chez madame Lambert, hôtelière à Epernay ; que le lendemain, pressé de se rendre à Reims où ses affaires l'appelaient, il s'était remis en route oubliant ses lunettes à branches d'or. Voilà que peu de jours avant notre réunion, le hasard l'ayant conduit de rechef dans la même maison, la dame Lambert le reconnut et lui restitua son bien. Qui fut surpris? M. André-Barrois, qui ne songeait plus guère à une telle bagatelle.

Rien de plus simple, de plus naturel que cette anecdote, mais notre spirituel aveugle l'accompagnait de remarques si fines, d'observations si judicieuses, que nous prenions un grand plaisir à la lui entendre raconter. Il en prit texte pour parler des aubergistes, du degré de soin et d'honnêteté qui les caractérise... Naturellement ceux de la Champagne en général et d'Epernay en particulier eurent place dans ses éloges.

— Toutefois, — dit-il en terminant, — bien que j'appréciasse à sa juste valeur l'acte de probité de madame Lambert, je ne pus m'empêcher de trouver que cette restitution avait toutes les allures d'une épigramme du sort : J'étais aveugle !..

— Je le tiens ! je le tiens enfin ! — clama une voix.

C'était Onézyme qui s'était mêlé à notre groupe et qui, les yeux fixés au plafond, le doigt posé sur le front, semblait suivre une pensée au vol.

— Que tenez-vous ? — demanda-t-on.

— Mon poème... Attendez !.. oh ! oui... c'est bien cela. Depuis longtemps je cherchais un sujet. L'aventure de monsieur vient de me le fournir. Quelle journée ! si elle fut féconde en épreuves, elle est riche en joies !.. Dieu soit loué !..

— Parlez.

— Vous le voyez, ce n'est pas en vain que le ciel a donné une mission aux poètes. Ils sont les trompettes des belles actions. Non, je ne faillirai point à ce rôle de trompette... je me sens inspiré !

— Il est vrai, — dit Victor d'un air profond, — que l'acte de madame Lambert est sublime !

— Oh ! — ajouta avec feu Onézyme poursuivant son idée, — oh ! quelle matière à des développements poétiques ! Comme cela prête aux vers ! vous verrez. D'abord je pose les personnages : Ici M. André-Barrois qui arrive et frappe par une nuit sombre, froide et pluvieuse, enveloppé dans son manteau, un large chapeau sur les yeux, ses lunettes dans sa poche. Là, madame Lambert, assise au coin du feu, lisant le *Journal d'Epernay*. Plus loin une domestique tournant un rouet et fredonnant un cantique. Dans la pénombre de la salle basse, une autre servante surveille le souper; puis le chien du logis, philosophiquement posé sur son séant, les yeux fermés, pensif, grave, soucieux. Ne dirait-on pas une scène du moyen-âge? On pressent, à cet exposé, qu'il va se passer quelque chose d'émouvant et d'imprévu. En effet, comprenez-vous tout ce qu'il y a de neuf, de saisissant, d'attractif dans la situation? Lunettes perdues, lunettes retrouvées, lunettes rendues! Que d'émotions, d'inquiétudes, d'alternatives tristes et joyeuses! Et quel superbe effet, lorsqu'abordant de front mon sujet, je dirai :

« L'étranger, s'avançant près du feu qui pétille,
« Retire son manteau qu'il confie à la fille :
« — Bonsoir maître hôtelier. Il fait un temps d'enfer!
« Brum!!.. Quel est votre nom? — Pour vous servir : Lambert.
« — Qu'on me donne à souper. Avez-vous des mauviettes? »
« En parlant l'étranger avait mis ses lunettes.... »

Remarquez comme ces lunettes, principal pivot du drame, entrent en scène naturellement, sans affectation aucune : on les voit, on les sent, on les touche, et l'on a un vague pressentiment qu'elles vont jouer un grand rôle.

— C'est pourtant vrai! — dit Victor d'un air ingénu.

— Tant de finesse et d'habileté me confondent! — observa en souriant M. André-Barrois.

— Peuh! — maugréa le baron fort vexé, — ce nigaud là, malgré ses lunettes, ne voit pas qu'on se moque de lui.

Ribottin ne l'entendit point, il resplendissait... Aussi poursuivit-il, en proie à une exaltation croissante :

— Je sens que j'aurai de furibonds élans de poésie ! surtout quand, de retour chez lui, notre héros ne retrouvera plus ses lunettes :

« Mes lunettes ! ô cieux !... j'ai perdu mes lunettes !
« Des lunettes en or, si fines, si bien faites ! »

Nous riions aux larmes. Mais Ribottin, dans son délire poétique, ne voyait rien, n'entendait rien... Il continua :

— Un classique gâterait un pareil sujet... Moi, qui ai sucé le lait des modernes, moi qui me suis abreuvé aux mamelles de la nature, j'en tirerai un parti immense... Je le sens là !

Il porta la main à son front d'un air inspiré.

Il eût conservé longtemps cette attitude poétique, si le baron, de plus en plus irrité, n'eût fait retentir le salon des gloussements du dindon. Le poète, ainsi brutalement tiré de son extase, lui lança un regard courroucé en murmurant :

— Je suppose que ce monsieur s'égaie à mes dépens.

— Il est jaloux de votre supériorité, de vos succès, — lui infiltra Victor dans l'oreille.

— Je crois m'en être déjà aperçu.

— Vous en pouvez être assuré.

« Dans ce siècle malicieux,
« Où nous voyons les sots prospères,
« Tout mérite a ses envieux,
« Tout génie a ses adversaires. »

— C'est vrai... mais je méprise ces oppositions systématiques... Si je m'y arrêtais, je ne serais qu'un sot, qu'un...

Le baron recommença son gloussement.

Onézyme n'y tint plus :

— Monsieur, — dit-il d'un ton de supériorité écrasante, — au lieu de rire, vous feriez mieux de m'imiter, si mes succès vous troublent.

— Il me semble que je m'y exerce.

La pointe était un peu vive. Le poète resta un instant confondu ; puis s'adressant à son rival :

— Est-ce une épigramme ? C'est que je....

— Silence ! — hein ! quel témoignage flatteur ! — lui dit confidentiellement Victor.

— Vous trouvez ?...

— Parbleu ! ne vous emportez pas : laissez siffler les serpents de la jalousie. Les insultes du vulgaire sont l'auréole du génie. Jouissez, heureux mortel ! les flots de poussière que soulève en passant votre char de triomphe ne sauraient obscurcir les rayons de votre gloire !

« Vous avez des vertus puisqu'on vous calomnie...
« Vous avez des talents puisque l'on vous envie. »

— C'est encore vrai ; je vois bien que vous êtes mon ami ; — répétait le poète ému.

On le pria de lire quelques vers. Mais au milieu de la première strophe il fut interrompu par une explosion de fusées, de pétards, de soleils.

— Ne faites point attention ; — cria le baron lorsqu'il eut brûlé toute sa poudre, — j'explique à ces dames l'effet d'un feu d'artifice superbe que je vis tirer dans ma belle patrie. Pittz ! boum ! clift ! pist ! pati ! pata ! poum !

— Il me raille décidément ! — gronda le poète qui se possèdait à peine.

— L'enfer est dans son cœur ; — dit Victor.

— Il faut, en effet, qu'il ait le diable au corps. Ouf! N'importe ! je suffoque... j'ai besoin d'air.

Ribottin s'achemina vers la porte.

— Vous désertez, grand poète ? — lui demanda ironiquement son rival.

— Non, ventriloque fameux ; car je reviendrai.

— Je l'espère bien ; vous m'amusez beaucoup.

— Je pardonne aux transports de votre rage.

— Qu'est-ce à dire.

— J'ai pitié de votre insuffisance.

— Vous m'outragez.

— Je suis l'organe de la vérité.

— Elle n'est point toujours bonne à dire.

— Ni à entendre, n'est-ce pas.

— Prenez garde, jeune bélitre.

— Bélitre.... moi ? ouf !...

— Profitez de cette vérité-là.

— Monsieur !

— Monsieur !

— Vous m'en rendrez... malade.

— A vos ordres, monsieur.

— Si je ne me modérais...

— Quoi ?...

— Bonsoir ! j'aime mieux vous laisser ruminer votre fiel.

— Bonne nuit ! soignez votre cervelle.

En parlant ainsi, les adversaires se mesuraient du regard, prêts à s'élancer ; mais retenus par la peur : cela était visible.

— Ma sœur, — s'écria le baron, — retiens-moi : je ferais un malheur.

Zurlica l'enlaça de ses bras, et son nez exprima l'effroi.

— J'ai pitié de sa jeunesse.

— Je ménage ses cheveux gris.

En sortant, j'entendis Onézyme qui disait à Victor :

— Entre nous, tous ces Polonais sont des bretteurs. On ne joue pas une existence comme la mienne contre celle d'un individu d'aussi mince valeur. Sans cela, vous sentez bien que je n'aurais point souffert... Adieu ! je vais commencer mon poème.

— Notre poème, s'il vous plaît ! — dit finement M. André-Barrois.

— Quoi ! Vous voudriez signer aussi ? — interrogea Ribottin avec agitation.

— Eh ! bien, non ! rassurez-vous... je vous l'abandonne.

— Homme généreux, merci !...

— Je ne peux pourtant pas le tourmenter à en mourir, ce pauvre garçon... Vous lui en avez assez fait aujourd'hui comme cela, — objecta en souriant notre spirituel aveugle à Victor qui l'engageait par un mouvement de bras à poursuivre la plaisanterie.

Au milieu d'un groupe, le baron ne cessait de répéter avec un peu de terreur dans la voix :

— Savez-vous que ce rustre là a quelque chose de féroce dans l'accent et dans les yeux. Tout autre qu'une vieille moustache comme moi aurait pu se laisser intimider, aurait fléchi en présence de ses allures de tigre démuselé. Voyez, je l'ai obligé à quitter la place.

Pendant ce temps, le maître de la maison disait aux dames :

—N'avais-je pas raison, mesdames, d'affirmer qu'ils vous amuseraient ?...

La soirée s'acheva rapidement.

Hormis le baron, il n'y avait là aucun de ces bavards qui circonscrivent la conversation au cercle étroit de leurs idées ; chacun y prenait part sans tenter d'exclure ses voisins ni de se faire valoir à leurs dépens.

Ceci, mon cher Anatole, me conduit à ouvrir ici une parenthèse pour y placer une réflexion. N'avez-vous pas remarqué comme moi qu'il y a chez les gens d'un esprit médiocre, d'une grande vanité et d'un égoïsme profond, un excessif besoin de primer dont, tous tant que nous sommes, nous avons été plus ou moins les victimes ?... Lequel de nous n'a heurté dans sa route à travers la vie, de ces ennuyeux qui vous lapident de leurs éternels discours sur eux-mêmes et sont les soporifères de toutes les conversations ; qui n'ouvrent la bouche que pour se louer, s'admirer et raconter leurs gentillesses. Le *moi* outrecuidant est l'unique son de leur diapason. Ils me font l'effet de ces instruments primitifs qui n'ont qu'une corde dont la vibration monotone finit par endormir les uns et écœurer les autres ?...

J'ai tant souffert de cette sotte engeance, que j'ai conçu contre elle une aversion profonde. N'est-ce point en effet quelque chose d'irritant que d'entendre des vanités qui s'encensent, se sourient, s'adulent, se bercent sans plus se soucier du reste du monde que s'il n'existait pas, sinon pour les admirer sur leurs dires? Portez-vous bien, portez-vous mal, n'importe ! Vous n'êtes rien qu'une machine faite pour les écouter, les plaindre et les applaudir. Cela est nauséabond ! Et voilà pourtant un des grands éléments au milieu desquels flotte notre existence. Triste ! triste !...

Vers la fin de la soirée, le baron polonais, maître absolu du champ de bataille, se mit à parler de chasse. Voilà un sujet que j'ai en horreur !... Il nous entretint longuement de ses prouesses et nous prouva qu'à ses autres travers, il joignait celui que beaucoup d'individus partagent avec frénésie et feraient trouver parfois risible s'il ne se manifestait avec tant de prolixité. Je veux parler du besoin immodéré de raconter, sous forme d'histoires de chasses, une foule de mensonges auxquels il est de toute impossibilité d'ajouter foi. Ainsi, à entendre d'innocents citadins ayant à peine immolé un chétif passereau, vous les prendriez pour des Nemrod, la terreur des forêts.

Combien ai-je subi de récits d'aventures surprenantes sur des chasses fabuleuses, sur des coups incompréhensibles dont les narrateurs étaient tout naturellement les héros !... A quel degré de folie étrange un tel *dada* peut-il conduire des hommes !.. C'est à n'y point croire. Lorsqu'on ne chasse point le lion, comme fait Gérard, ni le tigre, ni la panthère, pourquoi toute cette vanterie ? Est-ce donc un si grand honneur et faut-il tant se glorifier d'avoir traîtreusement guetté au coin d'un bois, sans haleine, caché pendant plusieurs heures consécutives, une volée de pauvres oiseaux ou la venue de quelques chevreuils inoffensifs, pour les détruire sans périls , sans lutte?... Evidemment c'est là un sens qui me fait défaut, car je n'ai, jusqu'ici, pu me rendre compte de cette gloriole là. Si tant de contes étaient vrais, j'y verrais tout au plus l'assouvissement d'un mauvais instinct. Heureusement que ces dévastateurs des bois et des plaines sont, au demeurant, les meilleures gens du monde, et toutes les victimes de leur incomparable adresse vivent en paix aux lieux où le destin les a fait naître.

J'ai connu un honnête citoyen, marié, père de famille, garde national, portant lunettes, qui battait la plaine Saint-Denis avec une affreuse canardière sous le bras et portant en bandouillère un horrible cor de chasse dont il se servait pour rappeler une demi-douzaine de chiens folâtres. Il accomplissait ses grotesques excursions sans rire ; il trompettait à pleins poumons et usait sa poudre avec un sérieux mélodramatique.

Il était mon voisin, et toujours je le voyais revenir abattu, l'œil morne, le carnier vide, escorté de ses chiens qui, comme les coursiers d'Hippolyte marchaient la langue pendante et la queue basse.

—Savez-vous, — lui dis-je un jour, — avec quoi vous chassez le gibier ?

— Parbleu ! avec mon fusil, avec ma poudre...

— Point... avec votre cor.

Il resta ébahi.

Pour en revenir au baron, il racheta l'excès de ses vantardises par l'originalité qui présida à ses récits. Par exemple, joignant l'action à la parole, à un moment donné il consentit à passer sous la table, et là il nous initia complétement à une grande chasse. Par lui, l'aboi des chiens, les sons du cor, les cris des bêtes et des gens, le hennissement des chevaux, leurs piétinements dans les taillis, tout fut imité à ravir. Il ne nous fit grâce ni d'un coup de fusil ni d'un hallali, et l'illusion fut telle, pendant un moment, que nos murmures approbatifs couvrirent la voix de l'exécutant.

Après la curée et la fanfare du retour, il quitta sa difficile position et nous apparut cramoisi, ruisselant, essoufflé, mais illuminé par le succès.

— Voilà, — noùs dit-il, — le récit d'une magnifique chasse qui eut lieu sur mes domaines, avant que l'invasion russe m'exilât de ma belle patrie.

Un domestique vint l'interrompre en lui remettant un billet.

— A moi ?... Vous permettez, mesdames ?

Les dames firent un signe d'acquiescement.

Voici quel était le contenu du billet :

« Monsieur, j'ai fait réflexion
« Qu'aujourd'hui si je vous fais grâce
« Vous aurez la tentation
« De me ravir encor la place,
« Et, poussant plus loin votre audace,
« D'essayer contre moi quelque imitation.
« D'ailleurs, ensemble sur ce globe,
« Nous nous gênons, en vérité ;
« Il faut qu'un de nous se dérobe
« Et rentre dans l'Eternité.
« De haine votre cœur regorge,
« Moi, je veux changer votre ton :
« Je pourrais bien prendre un bâton :
« J'aime mieux nous couper la gorge.
« Tenez-vous donc pour averti
« Que, pour vider notre rancune,
« Depuis l'heure où je suis parti
« Je vous attends au clair de lune.

« Venez, car je brûle, monsieur,
« D'un courroux sombre et légitime...
« Croyez-moi votre serviteur
« Et votre rival : ONÉZYME !... »

Une douche froide tombant sur le chef du baron n'eût pas produit un effet plus magique. De rouge il devint blanc, de joyeux, il devint songeur et resta une minute tout abasourdi et suffoqué.

— Ma sœur,— cria-t-il enfin, —Zurlica chérie, retiens mon bras... Je tremble de courroux, et crains de céder à une provocation insensée. Dans un instant je serai maître de moi et assez fort pour la mépriser... Valet, donnez-moi un verre d'eau... la colère m'éblouit... hein ? ne vous disais-je pas que ce garçon-là avait de la bête fauve dans l'œil, et que le sang était son élément. Jamais je ne me trompe dans le jugement que je porte sur les hommes.

Pourtant, quelque répugnance que ressentit le seigneur polonais à anéantir Ribottin, nous le déterminâmes à aller au rendez-vous en lui faisant force remontrances et en l'assurant qu'il n'y pouvait manquer sans forfaire à l'honneur.

— Vous le voulez ? — gémit-il d'un air fort agité, — je sors... mais je vous rends responsables des suites terribles de cette rencontre.

— J'en accepte la responsabilité entière , — dit Victor d'un ton solennel et lugubre.

— Mon Dieu ! que va-t-il se passer? Embrasse-moi, Zurlica... Peut-être me reverras-tu souillé du sang que ma main aura répandu ou peut-être... adieu ?...

Il n'en put dire davantage.

S'arrachant des bras de sa sœur éplorée, il se hâta de sortir pour dissimuler l'excès de son épouvante.

Zurlica eut un spasme.

Nous nous regardâmes tous avec une irrésistible envie de rire.

Quelle scène allait se passer entre les deux rivaux dont la peur devait être pareille, en dépit du billet de l'un et des menaçantes paroles de l'autre?

XIV.

Ces folies nous avaient conduits jusqu'à onze heures. Aussi, dès que l'on eût suffisamment aspergé l'éplorée Zurlica chacun songea à se retirer.

Les voitures furent demandées et la nôtre qui était venue nous retrouver attendait à la porte. Nous sortîmes.

Comme nous traversions la cour, près du puits, je heurtai un corps flasque. Je me baissai aussitôt et à la lueur de la lune je n'eus point de peine à reconnaître le baron gisant le nez tourné du côté du sol.

J'appelai les autres personnes; mais voilà qu'en accourant à ma voix, Victor faillit tomber, en s'embarrassant également les pieds dans le corps du pauvre Onézyme étendu à quelques pas de là.

Tous deux étaient dans une complète immobilité.

— Que signifie cela? — exclamai-je troublé.

— Ciel! — dit une des dames, — ils se sont battus... c'est affreux!

— Affreux, soit!... Battus, impossible! — dit Victor.

— Cependant...

— Non!.. Je l'aurais vu que je ne le croirais point.

— Mais regardez donc...

— Tarare!

— Je vous assure qu'ils sont blessés, morts peut-être... voyez ce sang.

En effet les deux champions avaient le visage ensanglanté.

— Ils ne sont pas morts, — dis-je en posant alternativement la main sur le cœur de chacun d'eux.

— Je vous affirme qu'ils se sont entr'égorgés, —dit Marguerite.

— Hom! hum! tout cela n'est point naturel! — grommelait encore Victor en faisant une grimace d'incrédulité. — C'est que si cela pouvait être, j'en serais au désespoir, car c'est moi qui, étant sorti avec le poète, l'ai excité contre son rival.

— Quelle abominable idée! — dit la maîtresse de la maison.

— Je m'en accuse. De fait, il n'a écrit son cartel qu'à mon instigation et sur l'assurance formelle qu'il avait affaire à un poltron.

— Hé! hé! — murmura M. Schivre, — il paraît qu'ils ont bien fait les choses. Nous serions nous trompés?...

— Vous savez le proverbe :

Il n'est tel qu'un vilain
Lorsqu'il se met en train...

Or, quand au lieu d'un vilain il y en a deux, on ne sait où cela s'arrête.

Pendant ce temps, les dames bassinaient avec de l'eau fraîche les tempes des adversaires, à qui elles faisaient également respirer des sels. Malgré les plaisanteries de l'impitoyable Victor, nous étions sous l'empire d'un triste pressentiment à la vue de ces deux corps inertes. Nos craintes se dissipèrent bientôt. Sous l'influence des lotions glacées, les héros revinrent à la vie.

— Booth!.. — fit le baron, — j'ai vu là une fière bête!..

— Ouff! quelle bête s'est jetée sur moi! — gémit de son côté Ribottin en roulant des yeux hagards.

— Il est de toute évidence qu'ils se sont rencontrés! — observa judicieusement Victor.

— Et effrayés, — dit M. Perribère.

— C'était bien fait pour cela.

En cet instant un animal passa rapidement auprès de nous.

— La voilà! — exclamèrent simultanément les valeureux rivaux en le désignant avec tous les signes de l'effroi.

— Je crois qu'ils ont eu peur de leur ombre, — dit M. Perribère.

— Que dites-vous donc, leur ombre? C'est ma foi bien un baudet, — ajouta en riant M. Schivre.

Effectivement nous distinguâmes au clair de lune un gros âne qui folâtrait dans la cour, tout ravi d'avoir conquis sa liberté.

— Un âne! — exclama le baron ébahi — un simple âne? Est-ce possible!

— Un âne! — répétait Ribottin non moins étonné. — Je suis donc voué aux bêtes aujourd'hui!

Et en parlant ainsi il lança un regard significatif du côté du baron occupé à se laver dans un seau du puits.

— Comment vous trouvez-vous? — demanda une dame.

— Bien... très-bien! — répliqua Onézyme avec un sourire.

— Il n'est pas difficile, ce monsieur! — dit le baron.

— Cependant j'ai eu peur... cet âne m'a troublé.

— Ils ne se mangent pourtant pas entr'eux, — grommela Victor en manière d'aparte.

— Et vous, baron, vous avez donc été effrayé aussi.

— Moi, belle dame? Du tout... jamais!

— Il me semble pourtant...

— Croyant que cet animal était un ours, je me suis élancé à sa poursuite pour le saisir, le dompter... mais mon pied a heurté quelque chose et j'ai tombé. C'est alors que la douleur, le choc, l'étourdissement m'ont fait perdre les sens. Je suis un dur-à-cuire, moi, une vieille moustache... Il faudrait bien autre chose qu'un âne pour m'effrayer.

Et il rendit à son rival le même coup-d'œil plein de sarcasme et d'intention dont celui-ci venait de le gratifier peu avant.

— Il est incorrigible, — me dit Victor à l'oreille.

Au demeurant, le sang que les deux champions avaient

perdu provenait de leur nez qui avait souffert dans leur double chute. Ils en furent quittes pour quelques bosses au front, un peu de meurtrissures aux angles saillants de la face et pour subir les quolibets de l'ami Victor dont la verve ne tarissait pas.

— Ce pauvre M. Onézyme ! — dit-il — comme cela lui a endommagé le physique !.. Lui qui a un profil napoléonien, n'est-ce pas désolant !

— Vous trouvez que je ressemble au grand homme?.. Eh ! bien, il faut que cela soit vrai, car on me l'a toujours dit.

En proférant ces mots, le poète rayonnant prit une pose.

— A Napoléon, lui? — exclama le baron jaloux.

— Mais c'est mon frère qui ressemble à l'Empereur ! — s'écria d'un air très-vexé le nez de Zurlica.

— Certainement... c'est moi qui... — commença le seigneur polonais posant à son tour.

— Permettez donc... — dit Onézyme.

— Souffrez cependant, — répliqua le baron.

Ils étaient superbes l'un et l'autre.

— Messieurs, — s'écria Victor, — ne recommencez pas à vous massacrer. Vous ressemblez tous deux au grand homme... j'en prends la société à témoin ?

Nous eûmes toutes les peines du monde à ne pas répondre par un éclat de rire à l'interrogation de Victor.

Quant aux héros de cette scène ils ne se sentaient plus de joie.

Ceci, mon cher Anatole, peut vous paraître une scène inventée à plaisir. Rien de plus vrai cependant. Du reste, puisque j'ai déjà signalé quelques ridicules de notre infime espèce, je ne puis m'empêcher de dire un mot en passant sur celui qu'ont beaucoup d'individus de vouloir ressembler à un grand homme quelconque, mais plus spécialement à Napoléon Ier. Il résulte de cette insoutenable tendance une foule de caricatures à faire pouffer de rire si elles n'inspiraient un sentiment de pitié.

J'ai vu des têtes rondes, pointues, carrées, aplaties, des nez retroussés, camards, légumineux même, élever cette prétention outrecuidante de ressembler à César.

J'ai connu des hommes qui m'ont fait modestement leurs confidences à ce sujet. Les uns avaient la mèche de cheveux traditionnelle; les autres dînaient vite au risque de s'étouffer; d'autres avaient l'habitude de se croiser les bras par-derrière; d'autres encore se supposaient un regard d'aigle; certains portaient par goût des redingottes grises, tandis que de plus modestes se contentaient de constater qu'ils prenaient du tabac dans leur poche.

La vanité humaine est sans pudeur comme elle est sans bornes; elle ne recule devant rien pour se satisfaire. Le ridicule lui-même, le ridicule odieux ne l'effraie pas. Peut-on se lasser de répéter :

« Ce monde est pour les sots un grand champ de bataille,
« Où chacun veut paraître au-dessus de sa taille. »

Finalement, pour revenir à nos héros, nous entreprîmes de rétablir la bonne harmonie entre eux. Nous y parvînmes plus aisément que nous ne pensions. Ils se tendirent la main et la joue, et se jurèrent amitié éternelle.

— Mon bon, — dit le baron à Onézyme, — pour que la

réconciliation soit complétement cimentée, embrassez ma sœur.

A ces paroles, Zurlica se voila dans sa pudeur.

Il y eut une scène charmante entre elle et le poète.

Pudeur d'une part, timidité de l'autre ; hésitations, désirs, coquetterie, passion, etc... Enfin l'embrassade eut lieu.

Zurlica devint cerise ; Onézyme était homard et palpitant.

Je vous laisse à deviner le plaisir et la gaîté que nous recueillîmes d'une telle scène.

Le baron ému se pencha vers Victor :

— Savez-vous qu'il est fort bien, ce garçon-là.

Puis examinant le poète avec complaisance, il ajouta :

— Sa tenue est parfaite et il paraît d'une meilleure pâte que je ne l'avais supposé d'abord... L'œil est doux, le sourire aimable. Il ferait un excellent mari pour Zurlica.

— J'y songeais ! — repartit d'un air profond notre gros compagnon.

— Je remarque, en effet, qu'il a, comme moi, quelque chose de napoléonien dans le profil.... Tant mieux ! On nous croira de la même famille.

— Oh ! vous en êtes assurément.

Au même instant, j'entendis le poète qui disait à M. Schivre, en lui désignant le baron :

— A tout prendre, il a l'air d'un bon homme au fond... Il me plaît ce Polonais-là... Et sa sœur aussi....

On se sépara.

Ribottin et les Polonais ne voulaient plus se quitter. Ils partirent ensemble.

Notre voiture roulait depuis peu de temps, quand nous entendîmes au loin le baron qui imitait le braiment de l'âne à s'y méprendre. Onézyme déclamait des vers tendres et Zurlica nazillait amoureusement. Tout cela était perceptible dans le calme profond de la nuit. Puis l'intrépide imitateur se mit à contrefaire le chant du coq. Aussitôt toutes les basses-cours avoisinantes, troublées dans leur premier sommeil, répondirent à l'envi, et ce fut autour de nous un concert des plus comiques.

A mesure que nous nous éloignions, ces bruits s'éteignirent, et bientôt le silence de la nuit ne fut plus troublé que par le trot actif de notre cheval et les excitations de son conducteur.

De même que dans une vague rêverie, on revoit par la pensée les choses d'autrefois, de même dans le calme profond qui nous enveloppait, éclairés par la pâle lueur de la lune, nous revîmes ces lieux que le matin nous avions parcourus baignés de lumière et remplis des bruits joyeux de la nature au réveil. Il nous sembla que ce n'était plus qu'un souvenir flottant, incertain qui se déroulait devant nous, privé des chaudes couleurs, des suaves émanations et des vibrantes harmonies de la réalité.

En effet, comme ce jour s'était rapidement écoulé !... Il nous vint simultanément à l'esprit qu'il en est ainsi de l'existence : souriante, animée à son matin ; épanouie et dans toute sa rayonnante plénitude au midi ; puis, le soir venu, morne, laissant l'être épuisé et aspirant au repos dans lequel il doit puiser de nouvelles forces.

Sous l'empire de telles idées, notre joie, déjà languissante depuis que le contact étranger ne la stimulait plus, s'était tout-à-fait envolée, comme un essaim de ces oiseaux chanteurs que l'ombre effraie.

Le chemin, parcouru le matin au bruit des causeries et des rires, s'accomplit cette fois en silence. Replié sur soi-même, chacun de nous subissait l'influence de la fatigue, des lieux et de l'heure. Tout mouvement est suivi de calme, toute gaîté est proche de la rêverie. L'homme moral, aussi bien que l'homme physique a ses heures d'excitation et d'accablement. Il recèle en lui une certaine quantité de fluides vitaux qui font sa force pour la joie comme pour la douleur. Cette réserve s'épuise vite dans une aussi fragile machine. Nous l'avions prodiguée à l'envi et nous ressentions alors l'invincible affaissement qui succède à sa perte.

Au bout d'une heure nous fûmes à Epernay.

Un sommeil prolongé répara les fatigues de cette journée.

Il était midi lorsque le lendemain nous r'ouvrîmes les yeux.

Huit jours plus tard, nous nous mettions en route pour les défilés de l'Argonne.

Au retour de cette excursion que je vous raconterai peut-être un jour, car elle fut féconde en incidents et en émotions de toutes sortes, nous fîmes une nouvelle halte à Epernay.

Puis enfin arriva l'heure de la séparation. Lorsque nous la signalâmes à nos aimables hôtes elle fut mal accueillie par eux. Toutefois, et bien qu'il nous en coûtât, nous insistâmes. Vainement Victor et sa digne Louise tentèrent mille efforts pour nous retenir ; vainement leurs amis, devenus les nôtres, joignirent leurs instances à celles qui nous étaient adressées : nous les quittâmes tous, non sans regrets, non sans chagrin; mais pourtant nous partîmes. Notre étoile errante nous guidait ailleurs , sous des cieux plus sombres, vers des cœurs moins ouverts.

Cette séparation fut triste. Victor faisait l'homme fort ; mais son émotion le trahissait. Quant à sa Louise, sainte et modeste femme, sereine et rêveuse comme une de ces poétiques figures dont la Bible a consacré éternellement le type, des larmes furtives tremblaient sous ses longs cils. Ces larmes, qu'elle ne cherchait point à dissimuler, sont restées présentes à notre mémoire. Pure rosée de l'âme, notre âme les a recueillies comme ces perles précieuses dont la nature se montre d'autant plus avare que l'homme en est avide... Hélas ! hélas ! nous ne devions plus la revoir, cette bonne créature ! Les sources de la vie tarissaient déjà en elle; déjà des signes précurseurs faisaient pressentir sa fin prochaine. Elle vient de s'éteindre. Nos cœurs avaient raison de se serrer en lui jetant un dernier regard, en lui envoyant le sourire d'adieu ! C'était pour toujours , dans ce monde, que nous nous séparions d'elle !...

Pourquoi aussi ne sommes-nous point restés ?

Quel démon pousse donc l'homme ? D'où vient ce besoin de mouvement, cette soif d'inconnu, de changement qui le dévore et lui fait follement quitter les douceurs de la réalité pour courir après des chimères ?..................

....

....

Je m'arrête ici, Anatole; il est temps ! Je vous avais promis quelques lignes et voilà, qu'entraîné par les souvenirs, je vous envoie un gros livre sur un fort petit sujet. Pardonnez-moi, si, cédant au plaisir de parler de mes amis à un ami, j'ai laissé courir ma plume sans songer que votre patience aura peut-être trop peu d'haleine pour la suivre.

D'ailleurs ne vous reste-t-il pas une ressource? Au cas où ces pages vous ennuieraient, jetez-les au feu. Mais, que dis-je; c'est au début que j'eusse dû vous faire cette recommandation : si vous en êtes arrivé ici, il sera bien tard pour brûler le livre. J'y aurais dû songer plus tôt... Que voulez-vous, voilà de ces choses qui ne viennent que tardivement à l'esprit d'un auteur... quand elles y viennent!..

Puisqu'il est trop tard, dites-vous, si vous voulez, que je vous ai paru fade, prétentieux, bavard, insupportable...

Mais croyez-moi toujours,

Votre ami,

EUGÈNE MAHON.

FIN.

www.ingramcontent.com/pod-product-compliance
Ingram Content Group UK Ltd.
Pitfield, Milton Keynes, MK11 3LW, UK
UKHW012023240726
13965UKWH00002B/529